Kinderärger
Elternsorgen

Helga Gürtler

Kinderärger Elternsorgen

Otto Maier Ravensburg

Originalausgabe

Fotos: Michael Seifert, Oskar Poss
Illustrationen: Jutta Bauer
Umschlagfoto: Oskar Poss
Umschlaggestaltung: Ekkehard Drechsel
Gesamtherstellung: Appl, Wemding
Printed in Germany

94 93 8 7

ISBN 3-473-42716-0

Inhalt

Für Michael, Stefan und Boris

Einleitung

Ein ganzes Buch nur über die Fußangeln im Erziehungsalltag – wirkt das nicht recht bedrohlich

- auf Leser zum Beispiel, deren Kinder noch ganz klein sind, die aber schon mal sehen wollen, was wohl so auf sie zukommt;
- auf solche, die gerade mit dem ersten Problem kämpfen und es gleich eingereiht finden in ein gutes Dutzend weitere?

Ihnen allen zum Trost sei deshalb gleich zu Anfang festgestellt: *Das meiste in der Erziehung unserer Kinder läuft eigentlich gut und erfreulich, aber über das Erfreuliche werden seltener Bücher geschrieben.*

So manches, was uns aus der Entfernung Angst macht, schrumpft zusammen und erweist sich als gut lösbar, sobald es nähergerückt ist.

Auch wenn wir glauben, etwas falsch gemacht zu haben, ist das meistens leicht korrigierbar. Kinder sind robuster, als man zunächst denkt. Sie wachsen und gedeihen ganz von allein, nehmen nicht jeden Fehler krumm und machen uns auf ihre Weise klar, was wir anders machen sollten. Auf diese Weise lernen auch Eltern von ihren Kindern, werden auch Eltern von ihren Kindern erzogen.

Eltern, die glauben, im Interesse ihrer Kinder immer alles richtig machen zu müssen, machen sich selbst das Leben unnütz schwer. Zwar wird oft betont, Eltern müßten ihren Kindern Vorbilder sein. Das heißt aber nicht, daß Eltern perfekt sein müssen, denn das können sie gar nicht. Sie sind ihren Kindern Vorbilder dafür, wie erwachsene Menschen sich verhalten. Vorbilder auch dafür, wie man mit Fehlern umgeht, mit Schwächen ringt oder widerstreitende Gefühle verarbeitet. Menschen zum Liebhaben sollen sie sein, keine Standbilder!

Die richtige Erziehung gibt es nicht

Was ist überhaupt „richtig" in der Erziehung?

Eindeutige Antworten darauf kann es nicht geben. Denn Kindererziehung ist immer Teil einer Kultur, in der Eltern selbst erzogen worden sind, in der sie leben und ihre Kinder erziehen. Kinder werden auf das Verhalten hin erzogen, das in der jeweiligen Kultur für den Erwachsenen für gut und notwendig gehalten wird. Eltern erziehen nach dem Menschenbild, das sie selbst durch ihre Erziehung und Entwicklung erworben haben.

Auch innerhalb einer Kultur ändern sich die Erziehungsvorstellungen im Zuge kultureller und politischer Wandlungen. Während der Zeit des Nationalsozialismus zum Beispiel wurden

Ordnung, Disziplin und Härte, die den Charakter stählen sollten, besonders hoch bewertet. Daß auch Jungen Angst haben, auch Männer Gefühle zeigen oder weinen dürfen, wurde als Erziehungsziel erst möglich, als „soldatische Tugenden" nicht mehr gefragt waren.

In unserer Kultur der Gegenwart bestehen viele Vorstellungen darüber, wie Menschen leben sollten, nebeneinander. Deshalb gibt es auch entsprechend viele verschiedene Vorstellungen über die richtige Erziehung. Durch ausländische Nachbarn, durch Reisen, durch Berichte im Fernsehen haben wir - viel mehr als die Eltern früherer Generationen - die Möglichkeit, zu erfahren oder unmittelbar zu erleben, was anderswo auf der Welt üblich, grundsätzlich also auch möglich ist. Das gibt Eltern das Gefühl, sie könnten und müßten aus einer großen Zahl von Möglichkeiten jeweils die eine, die beste, für sich auswählen. Das bedeutet viel Freiheit, erscheint ihnen aber auch als große Verantwortung.

Außerdem ist es in den letzten Jahrzehnten gängig geworden, wo immer jemandes Entwicklung fehlgelaufen ist, seine „unglückliche Kindheit", mit anderen Worten: die Eltern, dafür verantwortlich zu machen. Daran wird manchmal viel Wahres sein, in dieser Ausschließlichkeit behauptet ist es falsch und ungerecht. Auf jedes Kind wirken zahlreiche Einflüsse aus verschiedensten Richtungen ein: über Eltern, Spielkameraden, Kindergarten und Schule, Spielzeug, Fernsehen und Bilderbücher. Jedes Kind entwickelt seine ganz persönliche Art, diese Einflüsse für sich zu verarbeiten. Deshalb gibt es keine eindeutige Zuordnung zwischen dem Erziehungsverhalten der Eltern und den Eigenheiten eines Kindes.

Keine Erziehung ohne Pannen

Deshalb wird es auch keine Erziehung ganz ohne Pannen geben. Wie sich etwas, das man tut, im Gefüge der anderen Einflüsse auf ein bestimmtes Kind mit seinen bereits erworbenen Eigenheiten auswirkt, wie dieses Kind mit dem, was man tut, umgeht, das weiß man oft erst hinterher.

Schuldgefühle machen handlungsunfähig

Es ist aber unsinnig, sich dann in Schuldgefühlen zu zergrübeln, wie anders alles hätte kommen können, wenn man sich anders verhalten hätte.

Aber es tröstet sicher, zu wissen, daß auch Leute „vom Fach" gegen solche Erfahrungen nicht gefeit sind.

Wie anders wäre es sonst zu erklären, daß es auch unter den Kindern von Psychologen und Pädagogen (oder gerade unter denen?) eine ganze Menge nicht ganz so gelungener Exemplare gibt. Wie sagt schon eine alte Volksweisheit:

Lehrers Kind und Bauers Vieh
geraten selten oder nie.

Ich möchte deshalb Eltern ermutigen, sich zu den Schwierigkeiten, die sie mit der Erziehung ihrer Kinder haben, zu bekennen,

Erfahrungen austauschen

denn jeder hat sie, und Elternerfahrungen mit bestimmten Problemen sind oft verblüffend ähnlich.

Wie oft habe ich Situationen wie diese erlebt:

Ein Elternseminar über Kleinkindprobleme. Eine Mutter berichtet, zunächst schüchtern und schuldbewußt, ihr Kind schlafe nie nachts durch, komme jede Nacht zu ihr ins Bett gekrochen. Sie probiere ständig etwas anderes aus, wisse nicht mehr, wie sie sich verhalten solle. Ein Aufleuchten des Wiedererkennens geht über die Gesichter der Anwesenden - „Was, Ihres auch?" Eine Umfrage ergibt, daß mehr als die Hälfte aller Kinder nachts zu den Eltern ins Bett kommt. Mit zunehmend gelösterer Heiterkeit erzählt man sich gegenseitig von all den vergeblichen Versuchen, sie davon abzubringen. Alle gehen erleichtert nach Hause. Ihre Kinder kommen immer noch nachts zu ihnen ins Bett, aber sie erleben das nicht mehr als persönliches Versagen. Es ist schon deshalb nur noch halb so schlimm.

Erst wenn man wagt, über Schwierigkeiten miteinander zu reden, anstatt sie mit schlechtem Gewissen voreinander zu verleugnen, kann man lernen, kritisch mit ihnen umzugehen, Erfahrungen darüber auszutauschen, wie sie vielleicht zu beheben wären.

In den folgenden Kapiteln möchte ich versuchen, Eltern Hilfestellungen zu geben für einige der häufigsten Probleme im Umgang mit Kindern. Aber das ist weit schwieriger, als man zunächst denken mag. Denn was für die eine Familie zutreffend und hilfreich ist, muß es für die andere überhaupt nicht sein. Zu verschieden sind die Bedingungen, unter denen sie miteinander leben, unter denen die Schwierigkeiten, die sie miteinander haben, entstanden sind.

Nicht jeder Rat hilft jedem

Deshalb möchte ich in einem ersten Kapitel versuchen, einen Einblick in solche einander bedingende Zusammenhänge zu geben und erklären

- was das Erziehungsverhalten der Eltern beeinflußt;
- wie Probleme im Miteinander von Familienangehörigen ein Kind zum „Symptomträger" machen können;
- wie unterschiedliche Wünsche und Vorstellungen zu Konflikten führen können, die nur scheinbar Erziehungsprobleme sind, aber solche werden können.

Ich möchte dadurch Eltern ermöglichen, ihre spezielle Situation auf solche Bedingungen hin zu überdenken, um dann besser beurteilen zu können, ob die Erklärungen und Ratschläge, die in den weiteren Kapiteln gegeben werden, für sie brauchbar sind oder nicht.

Manche Eltern werden vielleicht auch als Problem behandelt finden, was für sie gar keines ist:

- Sie fühlen sich durch Kinderbeine in ihrem Bett nicht gestört;
- sie wechseln dem Fünfjährigen ohne Groll die nassen Hosen;
- sie bleiben abends sowieso lieber bei ihren Kindern zu Hause.

Dann mögen sie sich durch dieses Buch nicht etwa gedrängt

fühlen, „aus pädagogischen Gründen“ etwas dagegen zu unternehmen. Das Wichtigste ist, daß Sie und Ihre Kinder eine Art des Zusammenlebens finden, in der jeder sich wohl fühlt, in der jeder selbstbewußt und fröhlich sein oder werden kann.

Wenn ich übrigens im Folgenden von „Familien“ oder von „Eltern“ rede, sind damit selbstverständlich auch die Alleinerziehenden, die Pflegefamilien, die Paare ohne Trauschein, eben alle Erwachsenen gemeint, die mit Kindern zusammenleben, sich für das Gedeihen von Kindern verantwortlich fühlen.

Das Problem hat die ganze Familie

Man kann ein Buch über Erziehungsprobleme nicht schreiben wie eines über die Behebung von Autopannen. Denn das würde doch ungefähr so aussehen: Das Problem wird beschrieben, die möglichen Ursachen werden aufgezählt, und die je nach Ursache notwendigen Verhaltensschritte werden erläutert. Wurde die Ursache richtig erkannt und das Richtige zur Behebung der Ursache getan, wird die Panne behoben sein.

Bei der Reparatur des Autos ist es ziemlich gleichgültig, wer die Reparatur ausführt, wie dringend er gerade wohin fahren wollte, was für Befürchtungen er mit diesem Wagen hat.

Erziehungspannen sind anders

Bei Erziehungspannen ist das ganz anders. Erziehung ist ein zwischenmenschlicher Prozeß, der von dem, der erzieht, ebenso abhängig ist, wie von dem, der erzogen wird. So wirken sich zum Beispiel Hoffnungen oder Erwartungen, die Erziehende in bezug auf Kinder haben, unmittelbar auf deren Entwicklung aus, auch wenn die Erziehenden glauben, sie dies nicht merken zu lassen.

Der Einfluß von Erwartungen

Zum Beispiel haben die Amerikaner Rosenthal und Jacobson 1964–1966 folgendes inzwischen klassisch gewordene Experiment durchgeführt: Sie haben die neuen Schüler einer Volksschule mit einem Intelligenztest geprüft, den Lehrern aber erklärt, es handle sich um einen Test, der es möglich mache, das „Aufblühen“, die geistige „Schnellentwicklung“ von Schülern vorauszusagen. Etwa 20% zufällig ausgewählter Kinder wurden den Lehrern dann als solche wahrscheinlichen „Schnellentwickler“ genannt, die Lehrer aber gebeten, weder mit den Kindern, noch mit deren Eltern über dieses „Ergebnis“ zu sprechen.

Bei weiteren Intelligenztests nach einem und nach zwei Jahren ergab sich, daß die als „Schnellentwickler“ bezeichneten Schüler in ihrer geistigen Entwicklung ihren Mitschülern gegenüber erheblich im Vorteil waren, und das, obwohl viele von ihnen nach einem Jahr den Lehrer oder gar die Schule gewechselt hatten.

Es ist ziemlich sicher, daß negative Erwartungen einen gegenteiligen, die Entwicklung hemmenden Einfluß haben – das ebenso zu untersuchen verbot sich aus moralischen Gründen.

self-fulfilling prophecies

Die Autoren nannten diesen Effekt eine „self-fulfilling prophecy“, eine Prophezeiung, die sich selbst erfüllt.

Das Alltagsleben ist voll von solchen sich selbst erfüllenden Prophezeiungen. So beobachten Psychologen immer wieder, daß

Eltern, die selbst mit der Schule deprimierende Erfahrungen gemacht haben, auch die Chance ihrer Kinder, in der Schule zurechtzukommen, negativ beeinflussen.

Eine Mutter, die ihr Kind auf dem Spielplatz ständig ängstlich bewacht, erreicht mit ihrem unentwegten „Paß auf, du fällst!" leicht, daß das Kind wirklich ungeschickter wird, häufiger fällt als andere.

Wünsche und Vorstellungen

Aber auch mit Wünschen oder festen Vorstellungen darüber, wie dieses Kind einmal werden soll, kann man es leicht in bestimmter Weise festlegen.

Ein Vater, der von der herben Sprödigkeit seiner Partnerin enttäuscht ist, mag alles Zärtliche, Weiche an seiner kleinen Tochter ganz besonders fördern, ohne das selbst zu bemerken. Eine Mutter, die schlechte Erfahrungen mit Männern gemacht hat, Männer fürchtet und meidet, erreicht vielleicht, daß ihr Sohn eher weibliche Verhaltensweisen entwickelt, lieber mit Mädchen spielt als mit Jungen. Ich sage, „vielleicht", weil der elterliche Einfluß nie der einzige ist, der auf ein Kind einwirkt, weil außerdem das Kind selbst mit seinen Eigenheiten mitbestimmt, welche Einflüsse es aufnimmt und was es daraus macht. Das unterscheidet den Erziehungsprozeß wiederum von der Reparatur eines Autos. Das Auto ist reines Objekt dessen, was der Reparierende tut. Es kann von sich aus keinen Einfluß darauf nehmen, was mit ihm geschieht. Das Kind kann und tut das sehr wohl.

Das Kind gestaltet mit

Es wird auf seine Weise versuchen, mit den Erwachsenen, die es vorfindet, zurechtzukommen und ihr Verhalten zu beeinflussen. Es wird versuchen, sich so zu verhalten, daß es als Person von ihnen geliebt und anerkannt wird.

So hat sich zum Beispiel die kleine Tochter einer alleinstehenden, berufstätigen Mutter früh zu einem sehr selbständigen, handfesten Mädchen entwickelt, das sich der Anerkennung der Mutter für diese seine Art sicher fühlt. Ohne Probleme bleibt es abends allein oder schläft bei einer Nachbarin. Als die Mutter aber einen neuen Partner in die Familie bringt, mag es plötzlich nicht mehr allein bleiben, weint oder bekommt Bauchweh, wenn die beiden abends fortgehen wollen.

Das Verhalten der Mutter ihrer Tochter gegenüber ist unverändert, das Kind aber sieht seine Position als verständige Partnerin der Mutter erschüttert. Es ist eifersüchtig auf diesen Konkurrenten. Es sieht keinen Sinn mehr darin, besonders selbständig zu sein, um die beiden abends miteinander weggehen zu lassen. Es erhofft sich jetzt mehr davon, die Mutter durch Ängstlichkeit an sich zu binden.

Kreisprozesse

Denken wir an diesem Beispiel noch einen Schritt weiter, werden wir feststellen, daß das veränderte Verhalten des Kindes wiederum auf das Verhalten der Eltern zurückwirken wird. Die Mutter wird enttäuscht sein, daß das Kind, auf dessen Selbständigkeit sie bislang so stolz war, jetzt so zaghaft wird. Sie mag ihm böse sein, daß es ihr jetzt Schwierigkeiten macht, wo es doch bislang so vernünftig war, besteht vielleicht um so unnachsichtiger auf dem, was die Tochter bis dahin freiwillig tat. Der neue Vater dagegen ist eher geneigt, auf die Wünsche des Kindes einzugehen. Er gibt sich viel Mühe, seine Zuneigung zu gewinnen. Die Eltern sind uneins darüber, wie sie mit dem Kind umgehen sollen.

Das veränderte Verhalten der Mutter, die unterschiedliche Haltung von Mutter und Vater wiederum werden das Kind noch mehr verunsichern, es noch mehr auf sein neues, ängstlich-anhängliches Verhalten fixieren. So entstehen Kreisprozesse wechselseitig sich bedingender Verhaltensweisen.

Wo liegt nun das Erziehungsproblem:

- im veränderten Verhalten des Mädchens?
- in der Unnachsichtigkeit der Mutter?
- in der Nachgiebigkeit des neuen Vaters?
- in den unterschiedlichen Erziehungsvorstellungen der beiden?

Familienkonflikte

Das Problem hat nicht nur das Kind, sondern die ganze Familie. Aber oft ist ein Kind die schwächste Stelle in so einem komplizierten Kommunikationssystem, und deshalb erscheint oft als ein Kinderproblem, was eigentlich ein Problem aus dem Zusammenleben aller ist.

Ich möchte das noch einmal mit einem ausführlichen Beispiel darstellen:

Zum Beispiel David

David ist zehn Jahre alt. Er war, so berichtet die Mutter, schon immer ein besonders ängstliches Kind. Weil er als Kleinkind oft nachts aufwachte und weinte, nahmen ihn die Eltern in ihr Bett. Und dort schläft er bis heute, denn alle Versuche, ihn an sein eigenes Bett im eigenen Zimmer zu gewöhnen, schlugen fehl. David hat zu große Angst, wenn er allein im Bett liegen soll. Er kann abends auch nicht einschlafen, wenn sich die Mutter nicht dazulegt und bleibt, bis er fest schläft.

Warum ist David so besonders ängstlich? Ist das seine Natur? Oder eine geheimnisvolle Krankheit? Hat er schlimme Erlebnisse gehabt, die ihn belasten, oder ist er zu sehr verwöhnt worden?

Sehen wir uns doch so einen Abend in Davids Familie einmal etwas genauer an: David geht ins Bett, die Mutter begleitet ihn und legt sich dazu. Der Vater sitzt derweil allein im Wohnzimmer. Je länger es dauert, desto ärgerlicher wird er. Wenn seine Frau dann endlich wieder auftaucht, gibt es oft Streit. Er findet, daß sie das Kind zu sehr verwöhnt - er möchte so gern einen richtigen Jungen aus ihm machen. Sie dagegen findet, daß er hart und verständnislos mit David umgeht. Sie fürchtet diese abendlichen Auseinanderset-

zungen. Da ist es ihr dann gar nicht so unrecht, wenn sie manchmal mit David einschläft und überhaupt nicht mehr herauskommt. Irgendwann kommt ihr Mann dann auch ins Bett. Sex findet in diesem Ehebett nicht statt, denn zwischen den Eltern schläft ja David!

Spätestens hier wird klar, daß der eigentliche Konflikt zwischen den Eltern besteht. Davids Mutter ist der Meinung, daß ihr Mann in der Erziehung eigentlich alles verkehrt macht. Er schimpft viel zu viel mit dem Jungen, ist viel zu wenig zärtlich und freundlich mit ihm. Sie ist ja mit der Situation auch sehr unzufrieden, aber je mehr ihr Mann schimpft, desto mehr glaubt sie, das durch besondere Zuwendung ausgleichen zu müssen.

Umgekehrt stimmt es allerdings auch: Je nachsichtiger und gewährender sie mit David umgeht, desto mehr kommt ihr Mann zu der Ansicht, daß sie den Jungen total verwöhnt, daß er das durch mehr Härte und Konsequenz korrigieren muß. So treiben sie sich gegenseitig in Extreme, die sie im Grunde beide nicht wollen, vor allem aber zerren sie ständig nach verschiedenen Richtungen an dem Jungen herum.

Im Grunde aber versuchen sie, Kritik und Enttäuschung, die einer dem anderen gegenüber empfindet, über den Jungen auszutragen. Denn wenn die Mutter in des Vaters Umgang mit dem Jungen Freundlichkeit und Zärtlichkeit vermißt, dann vermißt sie die ja auch für sich selbst. Aber sie kann das nicht ausdrücken und bestraft ihren Mann, indem sie sich so sehr um den Jungen kümmern muß, daß für ihn nichts übrigbleibt. Und wenn ihr Mann meint, sie verwöhne den Jungen zu sehr, dann heißt das auch: Warum kannst du so viel Zuwendung, wie er bekommt, nicht auch mir geben? Warum liegst du mit ihm zärtlich in unserem Ehebett, aber nicht mit mir? Aber das kann er nicht ausdrücken, und deshalb schimpft er so viel mit dem Jungen.

David wird zur Schachfigur, die die Eltern zwischen sich hin- und herschieben. Er kann dadurch überhaupt nicht selbständig werden. Er ist so sehr eingebunden in den ungelösten Konflikt seiner Eltern, daß er sich kaum als eigene Person mit eigenen Fähigkeiten und eigenen Wünschen erlebt. Wie er zu sein versucht, will er für die Eltern sein – klug und mutig für den Vater, lieb und anhänglich für die Mutter. Er möchte gern in Vaters Augen bestehen können, er möchte aber auch die Mutter gegen den Vater in Schutz nehmen. Am liebsten möchte er die beiden nie allein lassen, immer bei allem dabeisein, sonst hat er Angst!

... Und deshalb hat David Angst, wenn er abends allein einschlafen soll.

In dieser Weise wird sich auch manches Problem, das zunächst wie ein Erziehungsproblem aussah, als ein Familienkonflikt erweisen. Da ist ein junger Vater enttäuscht und eifersüchtig, weil seine Frau seit der Geburt des Babys kaum noch Zeit für ihn hat, kaum noch Interesse für ihn zeigt. Das macht ihn ärgerlich auf das Kind, das so viel schreit, das so viel Aufmerksamkeit für sich beansprucht. Er mag das Problem so formulieren: *„Mit dem Baby ist etwas nicht in Ordnung. Es schreit ständig und schläft viel zu wenig. Meine Frau geht nicht richtig mit ihm um, sie verwöhnt es viel zu sehr.“*

Mit Ratschlägen über Verwöhnung oder über die Ursachen für häufiges Babygeschrei wäre diesem jungen Vater wenig gedient. Er würde womöglich nur das aufnehmen, was zu seiner Ansicht paßt und es als „Munition“ gegen seine Frau verwenden. Entscheidend wichtig wäre, daß die beiden sich mit ihren unterschiedlichen Auffassungen über die Bedürfnisse und Rechte der einzelnen Familienmitglieder auseinandersetzten, gemeinsam überlegten, was sie tun können, damit nicht einer zu kurz kommt oder enttäuscht wird.

Rechtzeitig vorbeugen

Sich mit solchen Fragen rechtzeitig auseinanderzusetzen kann auch helfen, Probleme gar nicht erst auftreten zu lassen.

Sind gute Eltern nur für ihre Kinder da?

Das ganz kleine Kind verhält sich, als wären seine Ansprüche die einzigen auf der Welt, alle anderen Menschen nur dazu da, diese Ansprüche zu befriedigen. Es kann gar nicht anders, kann es doch erst mit annähernd zwei Jahren die Relativität von „ich“ und „du“ begreifen. Allmählich wird es lernen, auch die Ansprüche, die ein anderes „Ich“ stellt, wahrzunehmen und zu berücksichtigen. Das tut es verständlicherweise nicht immer ohne Protest und Konflikte. Aber die Eltern haben auch ein Recht, als Ehepaar oder jeweils allein, eigenen Wünschen und Bedürfnissen so weit wie möglich nachzugehen.

Jeder sollte zu seinem Recht kommen

Sobald verschiedene Rechte und Bedürfnisse miteinander in Konflikt geraten, wird jeder dem anderen zuliebe zumutbare Einschränkungen in Kauf nehmen müssen. Was zumutbar ist, läßt sich so allgemein schwer sagen. Es hängt von der besonderen Situation, von der Dringlichkeit der miteinander in Konflikt stehenden Bedürfnisse ab.

Da hat ein junges Paar, das seinem Kind zuliebe zwei Jahre lang abends nicht zusammen weggegangen ist, endlich in der Nachbarschaft eine nette Schülerin gefunden, die Babysitterdienste anbietet. Das Kind kennt und mag sie. Kaum aber schicken sich die Eltern an, in Schuhen und Mänteln die Wohnung zu verlassen, bricht das Kind in fürchterliches Gebrüll aus. Die Eltern sind ratlos. Zweimal haben sie ihre Absicht schon aufgegeben und sind dageblieben. Soll das so weitergehen?

Wenn sie zu der Überzeugung gekommen sind, daß das Bedürfnis des Kindes, sie bei sich zu behalten, weniger dringlich ist als ihres, endlich mal wieder gemeinsam fortgehen zu können, dann sollten sie entschlossen und ohne zu zögern fortgehen! Das Kind wird sich daran gewöhnen. In der Regel halte ich es für zumutbar, daß ein zweijähriges Kind in vertrauter Umgebung mit einer vertrauten Person zurückbleibt und die Eltern weggehen läßt. Es hat das Recht, dagegen zu protestieren. Die Eltern haben das Recht, trotzdem zu gehen.

Stecken die Eltern ihre eigenen Wünsche immer wieder so weit zurück, daß das Kind sich auch weiterhin als der Nabel der Welt fühlt und benimmt, bekommt das weder dem Kind, noch den Eltern. Das Kind wird es schwer haben, in anderen Gemeinschaften, zum Beispiel im Kindergarten, zurechtzukommen.

Unerfüllte Elternträume

Entsagungsvolle, überreizte, unglückliche Eltern sind schlechte Weggefährten. Ohne es selbst zu merken, lassen sie unter Umständen ihre Kinder entgelten, daß sie sie um die Erfüllung so manchen Traumes gebracht haben. Oder sie verschieben die Hoffnungen, die Erfüllung ihrer Träume auf die Kinder.

- *Da soll ein Mädchen unbedingt studieren, weil die Mutter ihr Studium der Familie zuliebe aufgab.*
- *Der Sohn soll sportlichen Höchstleistungen nachjagen, weil der Vater das gern getan hätte.*

Wollen oder können die Kinder diesen elterlichen Vorstellungen dann nicht entsprechen, wird ihnen das als fehlende Dankbarkeit angekreidet: „Was haben wir alles für dich getan – und nun das!"

Je mehr es Eltern gelingt, eigene Interessen auch über die Zeit der Kindererziehung wahrzunehmen, desto leichter können sie die Kinder eines Tages ziehen lassen, wenn die eigene Wege gehen wollen.

Über dem Stadttor von Jüterbog in der Mark Brandenburg hängt – neben einer hölzernen Keule – ein alter Spruch:

„Wer seinen Kindern giebt das Brodt
und leidet nachmals selber Noth,
den schlage man mit der Keule todt."

Rollenteilung zwischen Vater und Mutter

Familienkonflikte, die wie Erziehungsprobleme aussehen, können auch entstehen, wenn ein Elternteil oder beide mit der Rolle, die sie im Familiengefüge haben, nicht zufrieden sind oder nicht zurechtkommen.

Vieles davon wird nach wie vor durch die Organisation der beruflichen Arbeit vorgegeben.

Sind beide Eltern voll berufstätig, steht einer partnerschaftlichen Teilung aller Haushalts- und Erziehungsaufgaben nichts im Wege. Oft aber ist der Mann ganztags berufstätig, die Frau ist teilzeitbeschäftigt oder nicht berufstätig. Dafür ist sie dann hauptverantwortlich für den „täglichen Kleinkram" der Erziehung, der Mann, wenn er abends kommt, nur noch bedingt belastbar.

Andererseits hat ein voll Berufstätiger meist ein solideres Selbstbewußtsein als eine „Nur-Hausfrau". Und dadurch entsteht die häufige Situation, daß der Vater zwar glaubt, den großen Durchblick zu haben und bestimmen zu wollen, „wo's langgeht", in den Augen der Mutter aber hat er eigentlich keine Ahnung, weil er viel zu wenig vom Erziehungsalltag miterlebt. Nur sprechen viele Mütter das so deutlich nicht aus. Lieber versuchen sie „unter der Hand" auszubügeln, was ihnen an den väterlichen Vorgaben mißfällt. Dadurch entsteht leicht eine Atmosphäre der Unehrlichkeit, in der Konflikte nicht ausgetragen, sondern „unter den Teppich gekehrt" werden.

Ich wünsche allen Müttern, die im tagtäglichen Erziehungsgeschäft zu „Fachfrauen" geworden sind, die Courage, sich auch offensiv mit männlichen Überlegenheitsansprüchen auseinanderzusetzen.

Mancher Vater leidet auch darunter, daß er am Heranwachsen der Kinder so wenig Anteil nehmen kann, beneidet die Mutter, weil sie zu Hause bleiben „darf", sie wiederum möchte oft liebend gern mit ihm tauschen.

Allein durch diese Konstellation entsteht so mancher Streit, der nur anscheinend ein Streit darüber ist, ob die Kinder abends noch so viel Krach machen dürfen oder nicht. Der Groll, den zwei gegeneinander hegen, entlädt sich leicht an den Schwächsten, den Kindern.

Dieser Konflikt ist mit familiären Aussprachen allein nicht zu lösen. Notwendig wäre eine Umverteilung beruflicher Arbeit, (Teilzeitarbeit für alle Eltern), die es Vätern und Müttern erlaubt, berufstätig zu sein und daneben die Aufgaben von Haushalt und Kindererziehung gleichberechtigt zu teilen.

Von der Veranlagung her steht dem nichts im Wege. Daß Väter keine Brüste haben, um ihre Babys zu stillen, ist wirklich das einzige, was die Natur ihnen für eine volle Gleichwertigkeit in Pflege und Erziehung der Kinder vorenthält. Der Rest ist Einstellung und Übung!

Geschwister

Das Gefüge wechselseitig sich bedingender Wünsche, Vorstellungen, Verhaltensweisen in einer Familie wird noch bedeutend komplizierter, wenn nicht nur ein Kind, sondern mehrere vorhanden sind.

So sind Eltern immer wieder erstaunt darüber, wie unterschiedlich sich Geschwister unter anscheinend doch recht ähnlichen familiären Bedingungen entwickeln.

Jedes der Kinder wird nach einer Möglichkeit suchen, als ganz eigenständige Persönlichkeit von seiner Umwelt wahrgenommen und akzeptiert zu werden. Es wird diese Anerkennung nicht gerade da suchen, wo schon ein Geschwisterkind auffällige Besonderheiten zeigt, sondern eine Stärke eher da entwickeln, wo das andere eine Schwäche hat.

- *Ein jüngeres mit einem sehr ängstlichen älteren Bruder findet bald heraus, daß es mit couragiertem Benehmen besonders viel Aufmerksamkeit erregen kann.*
- *Die kleine Schwester eines großen Tolpatsches wird sich wahrscheinlich auf Geschicklichkeit spezialisieren.*

Darin mag auch eine Erklärung für die oft verblüffende Feststellung liegen, daß Probleme in einer Geschwisterreihe gewissermaßen „wandern".

So lange der ältere Bruder ein schlechter Schüler war, setzte der Jüngere vielleicht alles daran, ihn in den Schulleistungen zu über-

trumpfen. Kaum freuen sich alle über die ersten Erfolge des Größeren, läßt der Kleine in seinen Leistungen nach.

Die Eltern mögen ihr Verhalten dem Jüngeren gegenüber in dieser Zeit nicht verändert haben. Das Kind aber sieht sich selbst und seine Perspektiven jetzt anders und verändert dadurch sein Verhalten.

Alle Kinder gleich behandeln?

Unter so verschiedenen Mitgliedern einer Familie wird es immer wieder zu Konflikten, zu Eifersucht kommen.

Der Vorwurf eines Kindes: „Du ziehst die anderen vor!" trifft Eltern meist hart. Haben sie wirklich alle ihre Kinder gleich lieb? Unter Umständen verfallen sie in eine geradezu krampfhafte Gleichmacherei, um ja keinem einen Grund für solche Vorwürfe zu geben.

Aber selbst das hält Kinder nicht davon ab, sich gelegentlich benachteiligt zu fühlen. Da können Eltern lieber gleich das ohnehin Vernünftigere tun: nämlich jedem Kind das zukommen zu lassen, was es gerade nötig zu haben scheint, ohne ständig darauf achten zu müssen, daß nun die anderen das gleiche auch haben müssen. Denn das gleiche ist ja für die anderen vielleicht gar nicht gleich wichtig.

Warum soll die kleine Naschkatze nicht mal ein Stück Schokolade extra haben, wenn die ältere Schwester Schokolade gar nicht so gern ißt?

Warum nicht der Älteren das heißbegehrte Bilderbuch kaufen, ohne daß die Kleine gleich auch eins haben muß?

Erfahrene Eltern werden auch feststellen, daß sie sehr wohl zeitweise das eine oder andere Kind bevorzugen:
- weil es zur Zeit ihre Fürsorge besonders braucht;
- weil es gerade besonders erfreuliche Eigenheiten zeigt;
- weil es ihnen viel weniger Schwierigkeiten macht als die Geschwister.

Aber meistens wechseln diese Bevorzugungen mit der Zeit – das kranke Kind wird wieder gesund, das erfreuliche wird schwierig, das erholsame entwickelt eine strapaziöse Marotte. Aber über die Jahre verteilt kommt doch jedes zu seinem Recht, mal mehr, mal weniger.

Ein schwarzes Schaf

Es kann allerdings auch vorkommen, daß die Familiendynamik ein Kind zum schwarzen Schaf macht, das dann keine gerechte Chance mehr hat, aus dieser Rolle wieder herauszufinden.

Da ist zum Beispiel Marco – vier Jahre alt, für sein Alter recht groß und etwas tapsig. Seit einem Jahr hat er eine kleine Schwester. Die ist ein sehr hübsches, zierliches und quicklebendiges Persönchen, das mit seinem Charme alle Leute gleich für sich einnimmt. Marco reagiert auf die Starrolle der Schwester mit heftiger Eifersucht. Sie darf nichts anfassen, was ihm gehört, er schubst und ärgert sie, kriegt immer häufiger schlimme Wutanfälle.

Die Eltern hatten zunächst viel Verständnis für seine Situation, versuchten auszugleichen und ihm ihre besondere Zuneigung zu zeigen. Das änderte aber nichts. Und es ist auf die Dauer schwierig, einem Kind Zuneigung zu zeigen, das sich gerade wieder gemein oder unausstehlich benommen hat. Da die Situation zu Hause immer schwieriger wurde, war die Mutter sehr froh, als sie für Marco vor einigen Monaten endlich einen Platz im Kindergarten bekam.

Aber auch von dort kommen inzwischen immer häufiger Klagen: Marco kriegt Wutanfälle, Marco will sich nichts sagen lassen, Marco haut die jüngeren Kinder. Die Mutter ist sehr ärgerlich auf den Jungen. Sie erwartet ein drittes Kind und fühlt sich wirklich sehr belastet. Aber gerade der Älteste, der doch schon vernünftig sein und sie entlasten könnte, macht nichts wie Ärger.

Einige Wochen später wird ein Neffe in die Familie aufgenommen – ein junger Mann, der für ein Jahr am Ort eine Fachschule besuchen soll und so lange bei ihnen wohnen möchte.

Der nimmt sich des inzwischen fünfjährigen Marco besonders an. Denn er fühlt sich an das erinnert, was er selbst als Kind erlebt hat. So oft er kann, spielt er mit Marco Tischtennis, nimmt ihn mit in den Sportverein. Und Marco stellt sich bei allem sehr geschickt an. Er erntet von den Älteren ehrliche Anerkennung. Zu Hause erzählt er lange und begeistert von seinen Erlebnissen. Im Kindergarten führt er vor, was er inzwischen alles kann. Die anderen bewundern ihn. Seine Wutanfälle werden seltener.

Als der junge Mann nach einem Jahr wieder auszieht, geht Marco bereits in eine eigene Turngruppe. Außerdem ist er in die Schule gekommen und hat dort gleich guten Anschluß gefunden. Er hat einen netten jungen Lehrer, der auch Sportlehrer ist.

Marcos Verhältnis zu seinen inzwischen zwei jüngeren Schwestern ist noch immer nicht besonders. Er erklärt, er könne mit Mädchen nichts anfangen. Er geht ihnen hoheitsvoll aus dem Wege.

Sich helfen lassen

Sicher wird es für viele Eltern nicht leicht sein, so komplizierte familiendynamische Zusammenhänge aufzuspüren, wenn sie über ein Erziehungsproblem nachdenken. Denn erstens erfordert das einige Übung, und zweitens wird, wer mittendrin steckt, leicht „betriebsblind“.

Wenn Sie damit nicht zurechtkommen, können Sie sich von einer Familienberatungsstelle helfen lassen. Aber oft erkennen auch schon Freunde oder gute Bekannte ein Problem deutlicher als man selbst, eben weil sie den kritischen Abstand haben, der den Betroffenen fehlt. Man müßte ihnen nur Mut machen, das, was ihnen auffällt, offen auszusprechen.

Jeden Abend Theater

Thema Nr. 1

In Diskussionsrunden um Erziehungsprobleme, in Anfragen an Elternzeitschriften steht ein Thema meistens an der Spitze: die Schlafprobleme der Kinder.

Kaum jemand, der ganz davon verschont bliebe - Strenge und Nachsichtige sind gleichermaßen betroffen, wenn auch die Erscheinungsformen entsprechend wechseln. Häufig entzündet sich Elternstreit an diesem Thema. Denn das allabendliche Theater, die ständige nächtliche Ruhestörung zerrt an den Nerven wie kaum etwas anderes.

Sie kennen das bestimmt auch: Das Kind soll zu einer festen Zeit ins Bett gehen, aber es will noch nicht. Es muß noch dringend etwas essen, etwas trinken, muß noch mal auf die Toilette, trödelt beim Waschen. Noch ein bißchen erzählen, was fragen, noch eine Geschichte vorlesen, noch ein Schlaflied... Und wenn eine redlich geschaffte Mutter endlich auf Zehenspitzen aus dem Zimmer schleicht, um endlich einen ruhigen Feierabend zu genie-

ßen, dann steht es kurze Zeit später schon wieder greinend in der Tür. Da könnte man manchmal...

Nun haben Eltern im allgemeinen zwei Motive, wenn sie abends zum Schlafengehen drängen: das erste ist das Wohl des Kindes. Sie glauben an feste notwendige Schlafenszeiten für Kinder bestimmten Alters. Sie glauben, sie wären nachlässige Eltern, wenn sie nicht erreichen können, daß ihr Kind diese neun, zehn oder zwölf Stunden wirklich schläft.

Das Schlafbedürfnis ist verschieden

Aber es ist längst erwiesen, daß das Schlafbedürfnis unter Menschen, auch unter Kindern, recht unterschiedlich ist. Deshalb sollten Sie sich viel mehr an Ihrem Kind als an bestimmten Normen orientieren. Zumindest kleine Kinder, die morgens nicht nach der Uhr aufstehen müssen, läßt man am besten ihren Schlaf- und Wachrhythmus selbst mitbestimmen. Ein Kind, das morgens früh, oft schon vor den Eltern aufwacht, darf abends ruhig etwas länger aufbleiben. Einem Kind, das partout noch nicht ins Bett will, unbedingt noch bei den Eltern bleiben möchte, kann man ein Lager auf dem Boden oder auf dem Sofa machen, wo es sich hinlegen kann, wenn es müde wird.

Erst wenn Kinder durch das Verhalten der Eltern lernen, daß Schlafengehen etwas ist, was man tun muß, auch wenn man gar nicht will, gewöhnen sie sich mit der Zeit daran, selbst ein deutliches Schlafbedürfnis zu übergehen, um in diesem Machtkampf nicht zu unterliegen.

Einschlafen läßt sich bei kleinen Kindern auch nicht erzwingen. Sie legen sich nicht, wie Erwachsene das tun, aus Vernunftgründen still, mit geschlossenen Augen, nur noch Monotones denkend, hin, um einzuschlafen. Sie müssen vom Schlaf gewissermaßen überwältigt werden.

Die Bedürfnisse der Eltern

Allerdings kommt hier noch das zweite Motiv ins Spiel: Eltern wünschen sich, und das mit Recht, einen ruhigen, kinderlosen Feierabend. Deshalb ist es schon berechtigt, wenn sie abends zu bestimmten Zeiten versuchen, die Kinder zur Ruhe zu bringen. Die Kinder würden zwar auch ohne jeden Druck einen ihnen zuträglichen Schlaf- und Wachrhythmus finden, möglicherweise aber einen, mit dem die Eltern nicht leben können.

Wenn Sie aber versuchen, Kinder ins Bett zu bringen, die wirklich noch nicht müde sind, ist das Ergebnis für Sie bestimmt kein ruhiger Feierabend, sondern ein frustrierendes längeres Theater. Deshalb ist es besser, nach einem für beide erträglichen Kompromiß zu suchen.

Bei Jüngeren, die bis in die Nacht hinein putzmunter sind, wäre zu überlegen, ob man den Mittagsschlaf abkürzen oder ganz streichen könnte. Mit Älteren kann man vereinbaren, daß sie zu einer bestimmten Zeit zwar nicht schlafen müssen, aber ruhig in ihrem Zimmer bleiben.

Abends zur Ruhe zu kommen gelingt Kindern leichter, wenn

die letzten Stunden des Tages frei bleiben von aufregenden Ereignissen, wenn beim Zubettgehen eine ruhige, freundliche Atmosphäre herrscht, wenn Sorgen ausgeräumt, Streitigkeiten begraben werden, für Ängste kein Raum bleibt. Man kann die Zeit vor dem Gutenachtkuß nutzen, um den Tag noch einmal Revue passieren zu lassen. Man kann Gute-Nacht-Geschichten vorlesen und Schlaflieder singen. Und ich denke, die meisten Eltern tun das gern.

Haben Sie Hemmungen beim Singen? Das Kinderzimmer ist ein idealer Ort, sie zu überwinden. Es ist niemand da, der Sie auslachen wird. In Ihren Kindern haben Sie sicher andächtig-dankbare Zuhörer, denn mit Mutters Wiegenliedern kann keine Schallplatte mithalten!

Auch das ausdrucksvoll-spannende Erzählen oder Vorlesen müssen manche nach dem Überwinden von Hemmungen erst wieder üben – aber glauben Sie mir –, es wird nicht nur Ihren Kindern Spaß machen!

Sich nicht überfordern lassen

Kritisch wird es erst, wenn das Kind immer noch eine Geschichte will und immer noch ein Lied, das Repertoire und die Geduld der Eltern aber längst erschöpft ist; wenn das Kind erwartet, daß Mutter oder Vater dableiben, sich vielleicht gar dazulegen, bis es fest eingeschlafen ist. Hier müssen Eltern sich davor schützen, daß regelmäßig mehr von ihnen verlangt wird, als sie ohne geheime Wut oder Verzweiflung geben können. Haben Sie den Mut, bei einer Forderung, die Ihnen zu weit geht, „nein“ zu sagen, und bleiben Sie konsequent! Besprechen Sie vorher, wieviel und was Sie vorlesen werden, und machen Sie dann auch wirklich Schluß. Das Kind gewöhnt sich daran, daß Betteln keinen Zweck hat. Geben Sie aber gelegentlich nach, wird es jeden Abend ausprobieren müssen, ob es das nicht wieder erreichen kann.

Abendliche Ängste

Das Motiv vieler Kinder, die Eltern abends nicht aus dem Zimmer zu lassen oder immer wieder zu rufen, ist Angst –

- vor dem Alleinsein im Dunkeln;
- daß die Eltern fortgehen könnten, wenn man sie nicht mehr sieht;
- vor den wilden Geschöpfen einer blühenden Phantasie, die an der Schwelle zum Schlaf besonders leicht auftauchen.

Was kann man tun, um diese Angst zu mildern? Sie können bei Ihrem Kind bleiben, bis es eingeschlafen ist – das wird dem Kind bestimmt gut gefallen, aber Ihnen wahrscheinlich nicht. Kann da nicht lieber das Kind in einer Ecke im Wohnzimmer einschlafen? Ist sein Zimmer zu weit von dem Raum entfernt, in dem Sie sich aufhalten? Können Sie die Türen offen, ein kleines Licht brennen lassen?

Erfahrungsgemäß schlafen Kinder ruhiger bei Licht und

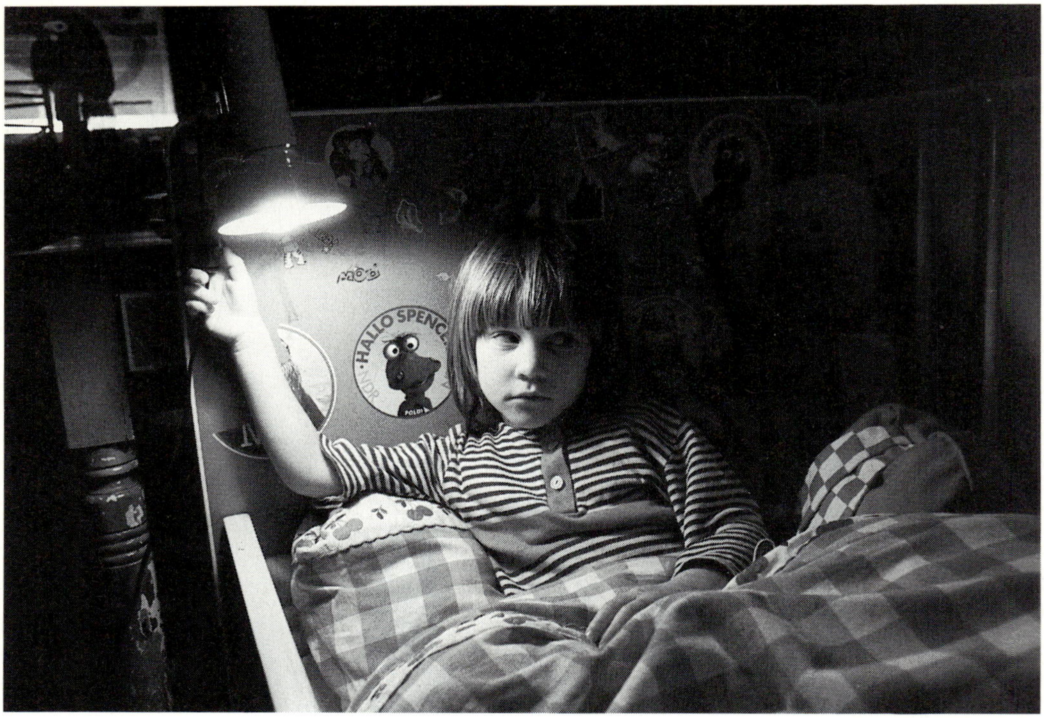

gewohnten Geräuschen als in der finsteren Abgeschiedenheit ihres Zimmers. (Mehr über abendliche Ängste finden Sie im Kapitel „Angsthasen“, ein Beispiel - David hat Angst beim Einschlafen - im Kapitel „Das Problem hat die ganze Familie“.)

Das Bett - Käfig oder Nest?

Wenn Kinder abends nicht in ihr Bett wollen, kann das auch an dem Bett liegen. Ist das ein gemütliches Nest, in das es sich gelegentlich auch über Tag gern zurückzieht? Oder ein Käfig, in den es manchmal auch zur Strafe gesteckt wird? Kann das Kind sein Bett jederzeit selbständig verlassen?

Ich rate Ihnen dringend, auch im Gitterbett einen Ausstieg zu öffnen, sobald das Kind klettern und laufen kann. Sie riskieren sonst, daß es beim Versuch, oben über das Gitter zu steigen, kopfüber herausfällt - und das passiert oft früher, als die Eltern es für möglich halten!

Außerdem ist ein Bett, das man aus eigenem Entschluß nicht wieder verlassen kann, kein Nest, sondern ein Käfig. Und niemand geht gern freiwillig in einen Käfig!

Ältere Kinder werden meist noch länger wach sein, nachdem man sie ins Bett gebracht hat. Was können sie dort tun - nur stillliegen und auf ihre Ängste lauschen? Oder spielen, eine Platte hören, Bilderbücher ansehen? Dürfen sie Spielzeug im Bett haben?

Sie werden staunen, wie fest Kinder auf Bausteinen und Metallautos schlafen - Sie können sie ja später immer noch herausziehen.

Hat das Kind eine eigene kleine Lampe, die es selbst nach Gutdünken an- und ausmachen kann? Vielleicht schläft es sogar besser ein, wenn die Lampe noch brennt.

Einzelkinder fürchten sich leichter und wollen die Tür offenlassen. Geschwister halten sich eher gegenseitig vom Schlafen ab und machen Dummheiten, anstatt stillzuliegen. Da ist es oft wohl besser, Sie machen alle Verbindungstüren fest zu und hören nicht so genau hin. Irgendwann werden sie schon müde werden. Oder ist es besser, eines der Kinder im Elternschlafzimmer zur Ruhe zu legen und später hinüberzutragen? Probieren Sie es am besten selbst aus, oder fragen Sie Ihre Kinder, was ihnen lieber ist.

Was läuft im Wohnzimmer?

Aber viele Kinder kommen wohl auch deshalb noch -zigmal aus dem Bett, weil sie glauben, im Wohnzimmer inzwischen etwas Interessantes zu versäumen.

Was läuft denn da, nachdem die Kinder ins Bett gebracht sind? Der Fernseher? Wäre es vielleicht möglich, den erst anzumachen, wenn die Kinder schlafen? Wenn Sie z. B. lesen oder handarbeiten, wird das den nachsehenden Kindern bald uninteressant.

Wenn Besuch da ist

Anders ist das schon, wenn Besuch da ist. Zum Leidwesen der Eltern drehen die Kinder an solchen Abenden ganz besonders auf. Ob sie da nicht besser gleich etwas länger dabeibleiben dürfen, bis ihre Neugier gestillt ist? Wenn der Besuch nicht zu viel Hokuspokus mit ihnen macht, wird auch das bald langweilig.

Schlafende Kinder allein lassen?

Und wie ist das, wenn Sie selbst zu Besuch gehen möchten? Können Sie die schlafenden Kinder abends allein lassen? Um es ganz klar zu sagen: Ich würde das nicht tun!

Schon das Kleine, das noch nicht aus seinem Bett kommt, kann stundenlang hilflos schreien, es kann sich bloßstrampeln, in Kissen vergraben, in Bändern von Spielzeug oder Strampeldekken verheddern, vor Erregung erbrechen oder gar sein Bettchen umwerfen oder herausfallen.

Beim Kind, das laufen kann, sind die Gefahren noch bedeutend vielseitiger. Es kann sich aus der Wohnung aussperren, aus dem Fenster fallen, sich bei unkontrollierten Unternehmungen verbrühen, vergiften oder verletzen

Und selbst wenn alle diese körperlichen Gefahren nicht eintreten - allein die Möglichkeit, daß ein Kind über lange Zeit hilflos weint und ruft, Ängste aussteht, sich verlassen fühlt, sollte Grund genug sein, es dieser Situation nicht auszusetzen. Es hilft auch wenig, wenn die Eltern der Überzeugung sind, das Kind schlafe eigentlich immer fest durch - einmal wird es doch eine Ausnahme geben, und gerade weil das Kind diese Situation nicht gewöhnt ist, kann es dann leicht in Panik geraten.

Heißt das nun, daß Eltern abends immer zu Hause bleiben müssen? Das soll es gewiß nicht heißen. Sie haben das Bedürfnis und das Recht auf Unternehmungen ohne die Kinder. (Lesen Sie dazu auch „Jeder sollte zu seinem Recht kommen“ im Kapitel „Das Problem hat die ganze Familie“.)

Findet sich wirklich kein Nachbar, dem Sie den Schlüssel anvertrauen können, damit er regelmäßig einen „Kontrollgang“ macht? Etwas älteren Kindern kann man auch sagen, daß sie beim Nachbarn klingeln sollen, falls sie nachts aufwachen und Hilfe brauchen. Auch den Umgang mit dem Telefon sollten sie möglichst früh lernen.

Das setzt natürlich voraus, daß man sie über die Absicht wegzugehen immer ehrlich informiert. Das Kind sollte immer wissen, wo Sie sind, wann etwa Sie wiederkommen und was es tun kann, wenn es Hilfe braucht.

Manche Kinder sind, wenn sie nachts aufwachen, nicht gleich voll da und wissen vielleicht nicht mehr, was Sie ihnen gesagt haben. Ich habe meinen Kindern in solchen Fällen ein bestimmtes Stofftier auf den Nachttisch gestellt, das sie, wie verabredet, daran erinnern sollte.

Grundsätzlich sollten Kinder erst über Stunden allein gelassen werden, wenn sie in der Lage sind, in unvorhergesehenen Situationen allein die Wohnung zu verlassen und Nachbarn um Hilfe zu bitten oder zu telefonieren – und wenn sie das auch ohne Angst tun.

Babysitter

Am sichersten und am beruhigendsten für die Eltern ist es natürlich, einen Babysitter für die ganze Zeit der Abwesenheit in der Wohnung zu haben. Nicht jeder hat freilich Oma oder andere Verwandte oder Bekannte, die solche Dienste unentgeltlich übernehmen. Wie wäre es hier mit Nachbarschaftshilfe auf Gegenseitigkeit?

Wenn Sie das Geld dafür aufbringen können, finden Sie vielleicht eine Schülerin oder einen Studenten, die sich gern etwas verdienen möchten. Ein Inserat oder einfach ein paar Zettel an Bäumen in der Nachbarschaft helfen oft. Manchmal organisieren auch Einrichtungen, die an der Mitarbeit junger Eltern interessiert sind, einen Babysitterdienst – Elternbildungseinrichtungen zum Beispiel, politische Organisationen oder Kirchengemeinden. Fragen Sie doch mal nach oder regen Sie das an.

Gut wäre es allerdings, wenn das Kind diesen Babysitter schon ein bißchen kennt, bevor es mit ihm alleingelassen wird.

Nun weigern sich freilich viele Kinder energisch, die Eltern abends weggehen zu lassen und mit „Ersatz“ zurückzubleiben. Sobald sie die Vorbereitungen dazu bemerken, schreien und zetern sie und machen den Eltern ein schlechtes Gewissen.

Ich möchte Sie ermutigen, trotzdem ruhig und fest Ihr Recht auf einen kinderfreien Abend zu vertreten. Besprechen Sie Ihre

wenn Pia aufwacht, ... vielleicht Tee, oder du rufst an. Wir sind im Tropicana...
Einen Abend in der Woche ganz abschalten...
...ohne Haushalts=mief und Baby=kram... Mal wieder ganz wir selbst sein!
Bar
Pia-Paulinchen hat wieder so rote Pickel am Po....
ja?
wir sollten doch wieder die Baumwollwindeln nehmen...
...dann ist sie immer naß!
...weil du sie unablässig mit Saft vollpumpst...
Ein Kind braucht viel Flüssigkeit!
Da fällt mir ein, hast du Karottensaft besorgt?
ne!
und nun?
Trinkt sie eben Orangensaft.
Kommt nicht in Frage, davon wird sie wund...
Geschrei.. Zähne..
Blähungen...
Wäsche
Durchfall
Quatsch, es muß nur ordentlich Creme auf den Po...
...du sagst doch selbst, sie hat Pickel

Absicht schon am Tage, wenn das Kind zugänglich und nicht müde ist. Glauben Sie nicht, Sie müßten sich dieses Recht mit irgendwelchen Versprechungen erkaufen. Ihr Kind könnte auf die Idee kommen, Sie beim nächsten Mal damit zu erpressen.

Verfallen Sie auch nicht der Versuchung, sich lieber heimlich davonzustehlen – das mag einige Male gutgehen, wenn es aber bemerkt wird, wird das Kind unsicher und mißtrauisch.

Wenn Sie nach besten Kräften die Situation so geregelt haben, daß das Kind sich sicher fühlen kann, dürfen Sie ohne schlechtes Gewissen fortgehen, auch wenn es Sie nicht fortlassen will. Freilich verlangen Sie da eine Entsagung von ihm, die ihm schwerfällt, aber es dürfen auch nicht immer die Eltern sein, die sich den Kindern zuliebe in Entsagung üben.

Unruhige Schläfer

Viele Kinder schlafen abends schwer ein, viele haben einen unruhigen Schlaf oder wachen häufig auf. Leider sind das oft dieselben Kinder. Das ist für die Eltern dann besonders belastend.

Kinder, die am Tage besonders aktiv, besonders lebendig, besonders sensibel sind, finden auch nachts anscheinend schwer Ruhe, verarbeiten noch im Traum weiter, was sie tagsüber erlebt haben. Sie wälzen sich vielleicht besonders lebhaft im Bett herum, reden im Schlaf, sind ständig abgedeckt oder fallen gar heraus. Es wäre sehr aufreibend, wollte man diese Kinder ständig wieder zurechtlegen oder zudecken. Besser ist es, ihnen einen besonders warmen Schlafanzug mit Füßen anzuziehen, sie dafür nur leicht zuzudecken, das Zimmer mäßig warm zu halten. Geht diese leichte Decke dann über Nacht auch noch verloren, ist das nicht so schlimm.

Manche Eltern binden die Bettzipfel an den Gitterstäben fest. Das muß sehr sorgfältig so geschehen, daß nirgends längere Bandschlaufen entstehen, in denen sich das Kind verheddern oder gar strangulieren könnte. Aber möglicherweise fühlt sich Ihr Kind dadurch zu sehr eingeengt.

Niemals sollte das Kind selbst mit einem Strampelsack am Bett festgebunden werden. Es wird dadurch in seinen Bewegungen zu sehr eingeengt und muß sich gefesselt fühlen.

Fällt Ihr Kind nachts hin und wieder aus dem Bett, können Sie eine weiche Decke davorlegen oder es gleich mit einer Matratze auf den Boden betten.

Nächtliches Aufschrecken

Oft schrecken Kinder auch nachts aus dem Schlaf, schreien dann und sind nur schwer zu beruhigen. Sie reden vielleicht auch wirres Zeug, was vermuten läßt, daß sie etwas Schlimmes geträumt haben. Aber je mehr die Eltern sich bemühen, zu erfahren, was sie denn geängstigt hat, desto lauter schreien sie, desto weniger lassen sie sich trösten.

Ich habe die Erfahrung gemacht, daß solche Kinder, wenn sie anfangen zu schreien, selten wirklich wach sind. Sie begreifen die

Situation nicht. Die auf sie einredenden Eltern verwirren sie zusätzlich. Selbst wenn sie endlich ganz wach sind, können sie keine befriedigende Antwort geben, wissen nur, daß sie sich scheußlich fühlen, und deshalb schreien sie.

Versuchen Sie so ein Kind zu beruhigen, ohne es ganz aufzuwecken. Reden Sie leise und beruhigend, in monotonen Wiederholungen mit ihm, streicheln Sie es, wiegen Sie es ein bißchen hin und her. Nehmen Sie seine wirren Reden auf, ohne genau erfahren zu wollen, was denn los war. Schreit das Kind zum Beispiel: „Nimm das weg!“, dann können Sie ihm versichern, Sie hätten „das“ schon weggenommen, es sei jetzt weg, alles sei wieder in Ordnung, auch wenn Sie überhaupt nicht wissen, was „das“ eigentlich sein soll. Wenn Sie ihm dann vielleicht noch ein Schlaflied summen, wird es hoffentlich beruhigt wieder einschlafen.

Häufen sich solche Vorfälle bei einem Kind, das sonst weniger dazu neigt, müßten Sie auch überlegen, wodurch es wohl am Tage so beunruhigt wird, daß es offenbar auch nachts nicht davon loskommt. Ein Krankenhausaufenthalt, die Geburt eines Geschwisters, Streit der Eltern, die Eingewöhnung im Kindergarten können Ursachen dafür sein.

Manche Kinder gehen auch nachts in der Wohnung umher, ohne dabei wach zu werden. Sie erscheinen im Wohnzimmer oder rufen verwirrt aus einer Ecke der Wohnung, in der Sie sie nicht vermuten. Auch diese Kinder beruhigen Sie wahrscheinlich besser, ohne sie ganz aufzuwecken.

Kinder im Elternbett

Das häufigste Problem für viele Eltern aber ist es, daß die Kinder ständig in der Nacht zu ihnen ins Bett gekrochen kommen. Und dagegen weiß ich auch kein Mittel. Denn es ist eigentlich sehr naheliegend und vernünftig, daß so ein kleines Menschlein, das sich einsam fühlt, da Nähe und Wärme sucht, wo es sie auch am Tage findet - bei den Eltern. Und anscheinend gibt es für kleine Kinder keine gemütlichere Schlafstelle als das Elternbett. Wenn Ihr Bett breit genug ist und Sie selbst damit keine Probleme haben, gibt es keinen Grund, das zu ändern.
(Die Überzeugung, daß ein Kind zum Gedeihen unbedingt ein eigenes Bett in einem eigenen Zimmer braucht, entstand in Zeiten, in denen aus wirtschaftlicher Not sehr viele Menschen unter schlechten Bedingungen auf engstem Raum wohnen mußten.)

Aber wahrscheinlich haben Sie Probleme damit. Viele Erwachsene können mit so einem kleinen Gekrabbel im Bett nicht ruhig schlafen. Oder der eine kann, der andere aber nicht, und es gibt Streit deswegen. Oder es geht zwar mit dem Schlaf, aber der Sex kommt zu kurz. In diesen Fällen müssen Sie um Ihrer selbst willen eine andere Lösung suchen. Manchmal hilft es schon, wenn man das Kind mit seinem eigenen Bettzeug neben oder zwischen sich legt. Man ist dann seinen ständigen Bewegungen nicht so sehr ausgesetzt.

Der Versuch, das Kind nur dazubehalten, bis es eingeschlafen ist, um es dann wieder in sein Bett zu tragen, kann zu einer nervenaufreibenden Wanderschaft werden, wenn das Kind mehr als einmal in der Nacht ankommt. Auch der verzweifelte Entschluß des zarter besaiteten Elternteils, dem Kind sein Bett zu überlassen und den Rest der Nacht im Kinderbett zu verbringen, kann nur als akute Notlösung angesehen werden.

Wie eine längerfristige Lösung aussehen könnte, soll der folgende Bericht zeigen:

Uns kam die hilfreichste Idee, als wir mit unserem nächtlichen Wanderer den Sommerurlaub in einem Ferienhäuschen verbrachten. Der zugesicherte „Schlafplatz für ein weiteres Kind“ erwies sich als die Möglichkeit, am Elternbett einen Lattenrost herauszuziehen, auf dem ein Kind Platz finden konnte. Unserer Tochter hat dieses Arrangement sehr gefallen. Zum ersten Mal seit langem hat sie drei Wochen ruhig durchgeschlafen.

Nach Hause zurückgekehrt, habe ich von ihrem Gitterbett die eine Seite ganz entfernt, die Matratze genau auf die Höhe meines Bettes gestellt, beide Betten dicht zusammengerückt. Da schlief fortan unsere Tochter. Rückte sie mir nachts zu dicht auf den Pelz, schob ich sie einfach in ihr Bett zurück. Aber immer häufiger blieb sie ganz da liegen. Eines Tages haben wir ihr Bett dann wieder komplett gemacht und etwas weiter weg im gleichen Raum aufgestellt. Und schließlich haben wir ihren Stolz darauf, jetzt ein richtiges großes Bett zu bekommen, ausgenutzt, um sie damit in ihr eigenes Zimmer zu verpflanzen.

Vielleicht ist an dieser Stelle ein Wort über kindliche Beobachter beim Elternsex angebracht. Denn es passiert ja leicht, daß ein Kind, das im Elternzimmer schläft, unerwartet zum Zeugen wird.

Sigmund Freud hat behauptet, solche Beobachtungen würden Kinder in tiefste Verwirrung stürzen. Das mag richtig gewesen sein in Zeiten, in denen Erwachsene, fühlten sie sich beobachtet, verschreckt, verleugnend, vielleicht strafend reagierten. Das Kind mußte den Eindruck gewinnen, unerlaubt Zeuge von etwas sehr Schlimmem geworden zu sein. Wenn Sie selbst unbefangen damit umgehen können, auch Fragen des Kindes freimütig beantworten, ist kein Schaden zu befürchten. Oder könnte das Kind den Eindruck gewinnen, da täte einer dem anderen Gewalt an?
Eine andere Frage ist, ob Sie selbst sich nicht durch den möglichen Beobachter zu sehr gestört fühlen.

Nicht schreien lassen!

Häufig wird Eltern, die unter ihren nachts rufenden oder herumgeisternden Kindern leiden, geraten, sie sollten sie am Heraussteigen hindern und einfach mal ein paar Nächte schreien lassen, damit wäre das Problem am schnellsten behoben. Zum Glück

halten insbesondere die meisten Mütter das nicht durch. Aber der Druck durch solche Ratschläge reicht aus, um ihnen ein schlechtes Gewissen zu machen – offenbar machen sie es gerade mal wieder ganz falsch.

Nichts machen Sie falsch! Von einer sehr engstirnig-lernpsychologischen Sicht her ist der Rat zwar richtig – eine Verhaltensweise, die konsequent erfolglos bleibt, wird bald aufgegeben. Aber überlegen Sie sich bitte, was Ihr Kind in diesen Nächten, in denen es vielleicht stundenlang im Dunkeln nach Ihnen schreit, statt dessen lernt:

- Es hat keinen Zweck, die Eltern um Hilfe zu bitten, sie helfen mir nicht.
- Es hat keinen Zweck, bei Angst laut zu rufen, es kommt doch niemand.
- Ich bin verlassen, ich bin machtlos und hilflos.

Wünschen Sie Ihrem Kind diese Lektion?

Irgendwann haben Eltern dann aber das Gefühl, daß eigentlich nur noch die Macht der Gewohnheit das Kind nachts zu ihnen ins Bett treibt, daß es keinen wichtigen Grund mehr dafür gibt, diese Einschränkung noch länger in Kauf zu nehmen. Aber wie ihm das wieder abgewöhnen?

Sascha ist fünf. Er kommt noch immer nachts zu den Eltern ins Bett. Dabei ist er schon so vernünftig. Die Eltern appellieren tagsüber an sein Verständnis, bitten ihn um Rücksicht. Und Sascha sieht auch alles ein. Aber nachts hat er es dann anscheinend wieder vergessen.

Da machen alle gemeinsam einen Plan. Sascha kann schon ein paar Worte „lesen" und ist darauf sehr stolz. Gemeinsam malen sie auf ein Blatt Papier in großen dicken Buchstaben das Wort „NEIN". Dieses Blatt legen sie abends auf die Türschwelle von Saschas Zimmer. Wenn er nachts auf das knisternde Papier tritt, soll er an das denken, was er sich am Tag vorgenommen hat.

Die Eltern schlafen nicht fest in dieser Nacht, sie sind gespannt, was passiert. Zur üblichen Zeit hören sie Sascha rufen, dann aufstehen, hören Papier rascheln und Hantieren vor ihrer Schlafzimmertür. Sie erwarten schon, daß Sascha gleich wieder vor ihnen steht - mit dem Papier. Aber er kommt nicht - geht auf die Toilette, wieder ins Bett, Ruhe.

Am nächsten Morgen erklärt er ihnen: „Ihr habt das Blatt auf meine Schwelle gelegt - das geht doch nicht, da kann ich ja nicht mal aufs Klo gehen. Ich habe es vor Eure Tür gelegt."

Ins Bett der Eltern ist Sascha seitdem nicht mehr gekommen, auch nicht, als das Blatt weggenommen wurde.

Immer die Mütter!

Die Hauptleidtragenden der abendlichen und nächtlichen Ruhestörungen sind meistens die Mütter. Als Alleinerziehende sowieso. Aber auch viele Väter, die in der Familie leben, überlassen der Mutter das allabendliche Geschäft, und mit Hinweis auf ihre stärkere berufliche Belastung auch das nächtliche Aufstehen. Wenn aber nicht alles so läuft, daß sie ihre wohlverdiente Ruhe finden, dann wissen sie recht genau, daß die Frau das ganz verkehrt anstellt.

„Mein Mann geht grundsätzlich abends nach sechs sein Bierchen trinken. Die Kinder trotzen dann und sagen, sie gehen erst ins Bett, wenn Papa wieder da ist.

Mein Mann wirft mir insgeheim vor, daß ich mich nicht richtig bemühe, die Kinder ins Bett zu befördern. So steht ständig ein Streitgespräch darüber an. Ich halte diese Situation bald nicht mehr aus. Der Beruf fordert uns beide ja auch ziemlich, und dann immer noch abends dieser Zirkus!"

Ich möchte die Mütter ermutigen, sich dagegen zu wehren. Wer nichts macht, kann auch nichts verkehrt machen! Wer sich dem alltäglichen Geschäft entzieht, kann gut kritisieren.

Das allabendliche und allnächtliche Theater ist ein sehr weitverbreitetes Problem, aber auch eines, das ganz besonders an die Nerven geht. Es läßt sich leichter ertragen und lösen, wenn zwei zusammenhalten, sich gegenseitig stützen. Gerade bei schwierigen Aufgaben ist es wichtig, daß einer dem anderen hilft, anstatt ihm zusätzlich das Leben schwerzumachen.

Kinder sind nicht nur Müttersache. Ich schlage vor: Von morgen an bringen Sie sie umschichtig abends ins Bett, wechseln sich auch nachts mit dem Aufstehen ab. Das wird auch nicht besser klappen, aber es verteilt die Lasten weniger einseitig und hilft gegen Besserwisserei.

Hilfreich ist es auch, in einer Elterngruppe mit anderen Eltern über die eigene Situation zu reden, Erlebnisse und Erfahrungen austauschen zu können. Das ist besonders wichtig für Alleinerziehende, die sonst wenig Kontakte haben.

An sich selbst denken

Falls Sie den Eindruck haben, daß Sie demnächst zusammenbrechen, weil Sie es nicht mehr aushalten können - haben Sie den Mut, egoistisch zu sein! Muten Sie Ihren Kindern zu, für eine bestimmte Zeit bei Verwandten, Bekannten, in einem Ferienheim untergebracht zu werden, und erholen Sie sich von ihnen. Schlafen Sie sich vor allem mal richtig aus. Auch Ihren Kindern ist nicht mit einer Mutter oder mit Eltern gedient, die ständig am Rande ihrer Kräfte manövrieren. Aber mancher Fall von Gewalt gegen Kinder geht von Eltern aus, die sich nicht mehr zu helfen wissen.

Keine Beruhigungsmittel

Die meisten Kinder, die ihren Eltern in der beschriebenen Weise die Nerven und die Ruhe rauben, sind völlig gesund, entwickeln sich ganz normal. Sie selbst finden auch offenbar das Maß an Schlaf, das sie brauchen. Deshalb sollte eine mögliche Lösung nicht in Betracht kommen, auch wenn sie recht verlockend erscheint oder gar ärztlich empfohlen wird - die, dem Kind Schlaf- oder Beruhigungsmittel zu geben. Zu viele Erwachsene sind von solchen Mitteln abhängig. Es sollen sich nicht schon Kinder daran gewöhnen, Probleme mit Medikamenten zu lösen.

Daumenlutschen, Nuckeln, Kopfschaukeln

Es gibt zwei uralte Hausmittel, um Kinder zu beruhigen oder in den Schlaf zu bringen - man läßt sie an etwas saugen oder man wiegt sie.

Das Saugen ist ein angeborenes Instinktverhalten, es sichert die lebensnotwendige Ernährung. Es hilft aber auch dem Baby, sich selbst zu beruhigen. Schon Neugeborene finden ihre Faust, um daran zu nuckeln, Fotos aus dem Mutterleib zeigen sogar schon Ungeborene mit dem Daumen im Mund.

Das Wiegen simuliert wahrscheinlich den Zustand vor der Geburt im Mutterleib. Mütter wenden diese Mittel seit je an, ohne daß man sie ihnen erklären muß. Und auch kleine Babys entdecken sie, um sich selbst zu beruhigen. Schon Neugeborene lutschen an ihren Fäustchen oder Fingern, wenn sie Hunger bekommen. Später akzeptieren sie einen Nuckel oder behalten das Lutschen an Daumen oder Fingern über Jahre bei in Situationen, in denen sie sich selbst beruhigen möchten. Sie haben vielleicht auch ein Schnuffeltuch, eine Schmusedecke oder sonst etwas Warmes, Weiches, in das sie ihr Näschen stecken, wenn sie am Daumen lutschen.

Viele Kinder schaukeln beim Einschlafen den Oberkörper oder den Kopf hin und her - für das Gleichgewichtsorgan in ihrem Ohr das gleiche, als wenn sie gewiegt würden. Manchmal kommen noch andere monotone Bewegungen, wie das Drehen in den Haaren, hinzu. Sorgen macht dieses Verhalten den Eltern wohl erst, wenn es sehr intensiv betrieben oder ungewöhnlich lange beibehalten wird.

Was ist zu viel, was zu lange? Es gibt seelisch vernachlässigte Kinder, für die das Nuckeln ebenso wie das Schaukeln Ersatz sein muß für vermißte Zuwendung, Liebe, Zärtlichkeit, so daß sie in einem extremen Maße auf diese Mittel der „Selbstbefriedigung“ angewiesen sind. Es liegt also nahe, bei Kindern, die beides besonders intensiv betreiben, zu prüfen, ob ein stärkeres Maß an zärtlicher Zuwendung das Bedürfnis zu nuckeln oder zu schaukeln vermindern würde.

Der Weisheit letzter Schluß freilich ist das nicht. So manches Kind, das sonst tagsüber fröhlich und ausgeglichen wirkt, wird weiter intensiv und ausdauernd nuckeln.

Das Bedürfnis nach solchen „Beruhigungsmitteln“ ist bei verschiedenen Kindern recht unterschiedlich groß. Auch die Ansichten darüber, wie lange ein Kind nuckeln darf, gehen auseinander.

Das gleiche gilt übrigens für die Zeit, die bei der ursprünglichen Betätigung unseres Saugbedürfnisses, dem Saugen an der Mutterbrust, für „normal“ gehalten wird. In manchen Völkern wurden Kinder bis zu fünf Jahren gestillt, auch bei uns werden die Stillzeiten in den letzten Jahren wieder wesentlich länger, nachdem sie davor über Jahrzehnte recht kurz gehalten wurden. Was gibt uns also das Recht, unseren Kindern zu einem bestimmten Zeitpunkt den Abschied vom Saugen, vom Nuckeln abzuverlangen?

Zum Anfang unseres Jahrhunderts bezeichnete Sigmund Freud das lustvolle Saugen des Babys als eine besondere Form sexueller Betätigung, wobei ihm gerade in dem dabei offensichtlichen intensiven Lustgefühl das wesentliche Bindeglied zur Sexualität zu bestehen schien. Er hat sich mit dieser Ansicht viele Feinde gemacht, aber er verhalf uns zu einer möglichen Erklärung dafür, weshalb Generationen das lustvolle Nuckeln der Kinder mit so gemischten Gefühlen betrachteten. War doch die Einstellung zur Sexualität über Jahrhunderte so, daß alles, was Lust machte, ohne der Fortpflanzung zu dienen, mit Mißtrauen angesehen wurde. Gönnen wir unseren Kindern diese „Selbstbefriedigung“ nicht, weil man sie uns auch nicht gegönnt hat?

Vielen mag diese Erklärung freilich fremd und weit hergeholt erscheinen, beschäftigt sie sich doch mit Vorgängen, die den Betroffenen im allgemeinen nicht bewußt sind.

Bewußter und dem Verstande leichter zugänglich erscheint da eine andere Begründung, in den Wartezimmern von Schulzahnärzten durch schaurig-eindrucksvolle Fotos belegt: Lutschen schadet den Zähnen, läßt sie schief und krumm und verkümmert wachsen. Aber auch wenn ich mir alle Zahnärzte zu Feinden mache: Die dort ausgehängten Bilder sind nicht die von gesunden Kindern, die ihrem normalen Bedürfnis zum Nuckeln nachgegeben haben. Und auch wenn speziell die Angewohnheit, den Daumen immer an der gleichen Stelle gegen den Oberkiefer zu drücken, die Zähne etwas schief wachsen läßt, halte ich es mit dem Ausspruch eines Kollegen, der angesichts martialischer Maßnahmen gegen das Daumenlutschen schon vor Jahrzehnten formulierte: „Im Zweifelsfalle läßt sich ein verbogenes Gebiß immer noch leichter wieder geradebiegen als ein verbogenes Gemüt“.

Um diese theoretischen Erörterungen praktisch anzuwenden: Niemand sollte seinem daumenlutschenden Kind Handschuhe anziehen, Senf auf den Daumen streichen oder eine Metallklammer draufstecken - oder was an Rezepten noch so alles empfohlen wird. Niemand sollte seinem Kind mit Gewalt den Nuckel abgewöhnen wollen, so lange es ihn zu seinem Wohlbefinden braucht.

Andererseits spricht nichts dagegen, einem schlafenden Kind, das nur zum Einschlafen nuckelt, Daumen oder Nuckel vorsichtig aus dem Mund zu ziehen, damit er dort nicht stundenlang bleibt. Es spricht auch nichts dagegen, an die Einsicht des Kindes zu appellieren, wenn man den Eindruck gewonnen hat, das Nukkeln sei nur noch eine leere Gewohnheit ohne eigentliches Bedürfnis, der Schaden an den Zähnen aber bereits sichtbar.

Denis ist an seinem dritten Geburtstag zum ersten Mal bei der Schulzahnärztin. Die bewundert seine kräftigen, gesunden Zähne, sagt ihm aber auch, daß der gern und häufig benutzte Nuckel seine Vorderzähne schon etwas aufgebogen hat. Ob er das Nuckeln nicht vielleicht lassen könnte?

Das Gespräch hat Denis beeindruckt. Er fühlte sich ernstgenommen. Am Abend erklärt er der Mutter, er wolle keinen Nuckel mehr nehmen. Sie vereinbaren, wohin der Nuckel gelegt werden soll, damit er für den Notfall wieder verfügbar ist.

Der Notfall tritt nicht ein. Der Nuckel bleibt in der Schublade.

Um die Frage, was besser ist, Nuckel oder Daumen, kann man einen Glaubenskrieg führen - man kann es aber auch lassen und es jedem Kind selbst überlassen, das für es angenehmste auszuwählen.

Der Nuckel verformt die Zähne nicht so leicht, dafür kann er leichter verlorengehen.

Der Daumen ist immer bei der Hand, aber eben auch noch, wenn die Zähne schon anfangen, schief zu wachsen.

Die Hände sind oft schmutzig, der Nuckel aber auch, wenn er auf den Boden gefallen ist.

Es gibt auch keinen vernünftigen Grund, älteren Kindern den Genuß eines Nuckelfläschchens, zum Beispiel morgens oder abends im Bett, zu versagen. Es ist erstaunlich zu beobachten, bis in welches Alter hinein Kinder dies mit Hingabe genießen, sofern man es vom Odium des Lächerlichen, nicht Altersgemäßen, befreit. Solche erlaubten Rückzieher ins Kleinsein machen es leichter, über den Rest des Tages groß und vernünftig zu sein. Jeder braucht das. Nur wenn es zuviel Gewicht erhält, fördert es die Tendenz, sich mit Essen oder Trinken über Kümmernisse hinwegzutrösten. Das wiederum kann zu Eßproblemen führen. (Lesen Sie dazu das Kapitel, „Essen muß man nicht, essen darf man".)

Vielleicht denken wir bei der Gelegenheit auch über unser eigenes Verhaftetsein in solchen Bedürfnissen nach. Wie viele Erwachsene lutschen zum Beispiel beim Schreiben an ihrem Stift, saugen beim Fernsehen an ihren Fingern - oder an der Bierflasche. Auch das Rauchen befriedigt unter anderem das Bedürfnis, an etwas zu saugen. Wenn Vater oder Mutter also die Zigarette recht ist, ist dem Kind der Nuckel billig. Er ist - im Gegensatz zur Zigarette - nicht gesundheitsschädlich!

Mittagsschlaf

Viele Eltern erhoffen sich eine Erleichterung beim allabendlichen Theater, wenn die Schlafenszeit über Tag gekürzt oder ganz weggelassen wird.

Bis zu welchem Alter brauchen Kinder noch ihren Mittagsschlaf? Ab wann können sie den Tag über aufbleiben? Auf diese Frage gibt es keine allgemeingültige Antwort.

Zwar kann man sagen, daß die meisten Zwei- bis Dreijährigen noch mittags schlafen, die meisten Fünf- bis Sechsjährigen nicht mehr, aber es gibt eben durchaus Zweijährige, die zum Mittagsschlaf nicht mehr zu kriegen sind, und Sechsjährige, die ihn brauchen.

Mit dem gerade dreijährigen Oliver hat die Mutter jeden Mittag, sobald sie ihn ins Bett gelegt hat, Theater. Ständig muß er auf die Toilette, was trinken, ein Spielzeug holen oder einfach nur die Mama was Wichtiges fragen. Schließlich schnauzt die Mutter, und Oliver heult. Wenn er dann endlich schläft, dauert es Stunden, bis er wieder aufwacht. Dafür ist er dann abends putzmunter, und es wiederholt sich, wenn er ins Bett gehen soll, das gleiche Theater.

- Vielleicht ist Oliver gerade zu dieser Zeit wirklich nicht müde?
- Vielleicht sollte er früher schlafen - nach einem ausgiebigen Spaziergang am Vormittag?
- Vielleicht kommt er ganz ohne Mittagsschlaf aus?
- Oder haßt er inzwischen sein Bett, weil es nur noch mit unangenehmen Erfahrungen verbunden ist?

Muß man denn zum Mittagsschlaf überhaupt ausgezogen und ins Bett gesteckt werden? Wie wäre es, wenn Mutter und Kind sich gemütlich auf dem Sofa oder in einer Kuschelecke niederließen? Mutter liest ein bißchen vor oder erzählt eine Geschichte, singt ein Lied vor, und dann ruhen sich beide gemeinsam ein bißchen aus? Schläft das Kind dabei ein, ist es gut. Wenn nicht, ist es nicht müde genug und steht nach einem Weilchen wieder auf.

Aber ich weiß recht gut, wie schwer das zu verwirklichen ist, wenn Mütter diese ruhige Mittagszeit dringend für Dinge brauchen, die sie sonst nicht schaffen.

Vielleicht läßt sich einführen, daß zu der vereinbarten Zeit jeder in sein Zimmer geht, weil jeder ein bißchen Ruhe braucht? Wer nicht schlafen mag, soll sich nur ganz ruhig beschäftigen. Auch die Mutter sitzt still, tut etwas, was für das Kind überhaupt nicht interessant ist, verzichtet auf Radio und Schreibmaschine und schaltet auch nicht gerade jetzt die Waschmaschine an. Das

Kind, das wirklich müde ist, wird darüber einschlafen – siehe oben.

Komplizierter ist das schon, wenn mehrere Kinder schlafen sollen, die sich ständig gegenseitig wieder aufwirbeln. Kann man sie in getrennten Zimmern zur Ruhe bringen?

... im Kindergarten

Dieses Problem gibt es auch immer wieder in den Kindergärten. Wie bekommt man da zehn oder mehr unruhige Geister dazu, im Interesse derer, die schlafen wollen, ruhig zu sein? Sicher wird man auch da versuchen, eine ruhige Atmosphäre herzustellen, in der alle gern ein bißchen stilliegen, aber es kann niemand zum Schlafen gezwungen werden. Kinder, die nach einer halben Stunde noch nicht eingeschlafen sind und lieber aufstehen möchten, sollten leise hinausgehen dürfen und spielen. Denn noch länger können sie die notwendige Rücksicht auf die anderen wohl nicht durchhalten, und eine Ruhepause haben sie ja gehabt. Freilich ist es dann manchmal ein Problem, die Schläfer und die Nichtschläfer gleichzeitig zu beaufsichtigen.

Letztlich liegt der Kern aller Einschlafprobleme mit Kindern immer wieder in der Unterscheidung, ob man schlafen darf oder schlafen muß. Muß man bis zu einem bestimmten Alter mittags schlafen, dann wehrt man sich dagegen, denn dann bedeutet „nicht schlafen müssen" „groß sein", und das wollen fast alle.

Ein Kind aber, das Schlafen nur als angenehm, nicht als Zwang oder gar Strafe kennengelernt hat, das legt sich womöglich auch nach einem anstrengenden Schultag zunächst mal auf sein Bett – und wenn es zum Essen gerufen wird, ist es eingeschlafen.

Essen muß man nicht, essen darf man

Dick und dünn

Wenn Eltern über die Eßprobleme mit Kindern sprechen, sind sie meistens besorgt, daß ihre Kinder zu wenig oder das falsche zur unrechten Zeit essen, daß sie jedenfalls nicht ausreichend ernährt werden. Ein mageres Kind ist für sie ängstigend und kränkend. Nach allgemeiner Meinung muß es „was zum Zusetzen" haben, falls es mal krank wird. Oder die Leute könnten denken, das arme Kind werde nicht ordentlich versorgt.

Dabei sind aus ärztlicher Sicht die kleinen Dicken, die leicht zu großen Dicken werden, das buchstäblich schwerer wiegende Problem. Ärzte warnen vor den Folgeerscheinungen des so weit verbreiteten Übergewichts und betonen, daß der Keim hierzu meist schon in der Erziehung der Kinder gelegt wird.

Warum neigen so viele Eltern dazu, ihre Kinder zu fürsorglich zu füttern? Warum essen viele Kinder und Erwachsene mehr als ihnen guttut, obwohl sie darunter leiden, gehänselt zu werden, weniger beweglich zu sein, weniger attraktiv auszusehen?

Essen und Füttern bedeuten uns ganz offensichtlich mehr als nur die Versorgung mit lebensnotwendigen Grundstoffen. Die Erklärung dafür dürfte schon im Babyalter zu finden sein: Ein Baby, das gestillt oder liebevoll mit der Flasche gefüttert wird, wird dadurch nicht nur satt. Es erfährt Zärtlichkeit, Wärme, Hautkontakt, Beruhigung. Satt gemacht werden bedeutet Wohlbefinden schlechthin. Das ältere Kind hält an der Gewohnheit des Fläschchens im Bett oft noch recht lange fest oder nimmt sie in Zeiten besonderer seelischer Belastung - bei Krankheit etwa oder nach der Geburt eines Geschwisters, wieder auf. Es stillt damit sicher nicht nur Durst oder Hunger. Es sucht auch Beruhigung, Entspannung, Tröstung.

Nach und nach lernt es allerdings auch, die verschiedenen Bedürfnisse getrennt zu befriedigen. Es kann zärtlich schmusen, sich nach einem großen Kummer in Mutters oder Vaters Arm beruhigen, ohne dabei zu essen oder zu trinken. Aber auch das ältere Kind läßt sich durch etwas zu essen oder zu trinken leicht beruhigen. Bekannt ist, daß eine ängstigende Situation mit einem Stück Schokolade im Mund von vielen leichter ertragen wird.

Für viele Mütter und Großmütter wiederum bleibt das Versorgen mit Essen oder Trinken gleichbedeutend mit fürsorglicher Zuwendung schlechthin. Wie viele fragen noch ihre herangewachsenen Kinder beim Heimkommen als erstes nicht: „Wie ist

Nimm mich.
Ich schmecke.
...am liebsten BAHLSEN

es dir ergangen?“, „Was hast du erlebt?“, sondern: „Hast du schon was gegessen?“, „Soll ich dir was zu essen machen?“ So gibt eine Generation diese andauernde Verquickung von Essen und Fürsorge, Essen und Beruhigung an die nächste weiter.

Mütter, die das Essen zu sehr in den Mittelpunkt des Interesses rücken, fördern die Neigung ihrer Kinder, ihrerseits die Lösung seelischer Konflikte im Essen oder Trinken zu suchen, anstatt das im Laufe der Entwicklung langsam abzubauen. Und so flüchten dann noch viele Erwachsene mit Essen oder Trinken aus dem Alltagsstreß, trösten sich damit über Enttäuschungen und seelische Entbehrungen hinweg. Eine Folge davon ist der „Kummerspeck“.

Immer mehr Erwachsene haben Probleme mit ihrem Eßverhalten. Sie essen zuviel, werden zu dick oder bilden sich das, von propagierten Schönheitsidealen verführt, auch nur ein. Dann bestrafen sie sich durch rigoroses Fasten. Haben sie sich damit zu sehr unter Streß gesetzt, futtern sie sich den heruntergehungerten Kummerspeck gleich wieder an.

Für die Erwachsenen also steht das Essen zu sehr im Mittelpunkt – für sie selbst und für den Umgang mit ihren Kindern. Aber es ist eben nicht der Mangel an Nährstoffen, der sie treibt. Zu essen haben die meisten in unseren Breiten eher zuviel als zuwenig. Mangel dagegen herrscht oft an Zuwendung und Aufmerksamkeit füreinander – an Zeit zum Reden, zum Schmusen, zum Spielen. Sich selbst gegenseitig diese Aufmerksamkeit zu schenken, den Kindern diese Zuwendung zu geben ist wichtiger, als sie unentwegt zu füttern. Lieber mal über einem spannenden Gespräch oder im Eifer des Spiels das Essen vergessen, als vor lauter Engagement für die optimale Ernährung keine Zeit zum Reden oder Spielen haben.

- Wie wichtig ist Ihnen Essen und Trinken? Was suchen Sie eigentlich, wenn es Sie mehr als gut und nötig danach verlangt?
- Was möchten Sie eigentlich Ihrem Kind geben, wenn es Sie drängt, sich ständig um seine Ernährung zu sorgen?

Nicht ständig zum Essen drängen

Die meisten Elternsorgen um die ausreichende Ernährung der Kinder sind überflüssig. Kein gesundes Kind verhungert, wenn man nicht ständig darauf achtet, daß es zur rechten Zeit die richtigen Speisen in der richtigen Menge zu sich nimmt. Der Suppenkaspar verhungerte nicht, *obwohl* seine Eltern sich so bemühten, sondern *weil* sie das taten. Ein Kind, das eine Mahlzeit verweigert hat, hat zur nächsten gehörigen Hunger, wird dann essen, um seinen Hunger zu stillen. Kinder dagegen, denen die Mutter mit jedem Häppchen nachläuft, sind nie richtig hungrig. Sie lernen nur, daß sie der Mutter mit Essen einen Gefallen tun, mit Essensverweigerung sie an der Leine halten können.

Ich möchte hier den Erlebnisbericht einer Mutter wiedergeben, die inzwischen drei große, gesunde Kinder hat:

„Bei meinen beiden ersten Jungen war ich sehr eifrig. Ich las Bücher über richtige Ernährung und versuchte es besonders gut zu machen. Es war eine Plage! Ich strampelte mich ab, aber die Kinder wollten meist nicht essen. Als ich dann den Zweiten einmal einer sehr patenten Kinderärztin vorführte und sie fragte, was ich denn bloß tun könnte, damit dieses spindeldürre Kerlchen ein bißchen mehr Speck auf die Rippen kriegt, antwortete die lachend: „Wickeln sie ihn doch in eine Speckschwarte!" Dann setzte sie hinzu: „Machen Sie sich mal keine Sorgen, diese Dürren sind zäh wie Lappleder, mir machen die Dicken viel mehr Sorgen."

Ich habe mich bemüht, das zu beherzigen. Und beim dritten Kind schaffte ich es einfach nicht mehr, mich mit so viel Eifer um seine Ernährung zu sorgen. Es ist sogar ein paarmal passiert, daß wir abends erschrocken feststellten, wir hatten das arme Kind ja ohne Abendessen ins Bett gebracht.

Dieser Sohn hat mit dem Essen nie Probleme gehabt. Er hat sich früh angewöhnt, sich zu melden, wenn er was essen wollte, später dann sich selbst zu nehmen, worauf er Appetit hatte.

Freilich konnte da von Ausgewogenheit nicht die Rede sein, jedenfalls kurzfristig nicht. Es gab immer Moden, die Wochen oder gar Monate dauerten. Phasen, in denen er Fleisch grundsätzlich ablehnte, wechselten mit anderen, in denen er am liebsten nur Fleisch gegessen hätte. Zeiten, in denen er mit einer Büchse voller Grünzeug in die Schule zog, wechselten mit solchen, in denen nur trockene Brötchen und Dauerwurst gefragt waren. Aber wenn ich mir den Jungen heute so ansehe, ist er sicher weder fehl-, noch unter- oder überernährt. Er ist der Sportlichste und Kräftigste von uns allen."

Kinder wissen, was sie brauchen

Diese Mutter hat das gleiche festgestellt, was Untersuchungen in Amerika schon vor Jahrzehnten ergeben haben: Schon kleine Kinder, denen man in der Zusammenstellung ihrer Ernährung freie Wahl läßt, essen zu einzelnen Mahlzeiten oft extrem einseitig, auf längere Sicht aber erstaunlich ausgewogen und ihren Bedürfnissen angepaßt.

Das englische Ehepaar Jean und Paul Ritter, das seine sechs Kinder nach dem Prinzip der Selbstregulation erzogen hat, bestätigte das in seinem Buch „Freie Kindererziehung in der Familie" sehr eindrucksvoll. Jean Ritter schildert die Eßgewohnheiten ihrer Tochter Erica:

„Sie aß einmal fast ein Viertelpfund Margarine so einfach aus der Hand, danach alles fette Fleisch, das auf dem Tisch stand, und zum Schluß noch mehrere Löffel von einer fetten Soße... Diesen Hunger nach Fett zeigten die Kinder übrigens abwechselnd in jedem Winter. Es schien wirklich unglaublich, daß diese scheinbar unmäßige Ernährung keine negativen Folgen für die Kinder haben sollte. Aber sie erlitten nie einen Schaden. Offenbar haben sie das Fett gebraucht, und vielleicht ist sogar ihre strotzende Gesundheit und ihre Immunität gegen Erkältungen darauf zurückzuführen. (Vielleicht ist die Wirkung die gleiche, wie wenn sie täglich Lebertran eingenommen hätten, obwohl der ihnen sicher nicht so gut geschmeckt hätte.)"

Freilich können Kinder auch verlernen, auf ihre Bedürfnisse zu achten. Machtkämpfe mit den Erwachsenen, Moden oder dumme Angewohnheiten können diese an sich vorhandene Fähigkeit außer Kraft setzen. Ich finde es deshalb wichtig, Kindern das Essen nicht ungefragt aufzudrängen, sondern sie zu fragen: „Hast du Hunger?“, „Was möchtest du essen?“ Kleine Kinder, die von dieser großen Wahlfreiheit leicht überfordert sind, fragt man besser: „Möchtest du eine Banane essen?“, „Willst du Leberwurst oder Jagdwurst aufs Brot?“ Auch wenn ein Kind längere Zeit bestimmte Speisen kategorisch ablehnt, kann das durchaus gute Gründe haben. Auch uns zeigt doch nach einem verdorbenen Magen zum Beispiel ein intensiver Widerwillen gegen etwas Bestimmtes recht gut an, welche der genossenen Speisen das verursacht hat - wir müssen nur darauf achten.

Mütter tun beim Bemühen um die gesunde Ernährung ihrer Kinder oft des Guten zuviel und erreichen dann manches Mal das Gegenteil des Erwünschten. „Warum sind bloß all die guten Vitamine in Sachen versteckt, die man nicht essen mag?“ So oder so ähnlich lautet der Stoßseufzer eines umsorgten Kindes in einem Buch von Astrid Lindgren. Ich frage mich allerdings: Stekken die Vitamine wirklich ausgerechnet in Speisen, die Kindern nicht schmecken, oder schmecken sie den Kindern nicht, weil wir Erwachsenen sie ständig damit traktieren? Überlegen Sie doch mal selbst: Wenn Sie wissen, daß Sie eine bestimmte Speise unbedingt aufessen *müssen,* zum Beispiel, weil sie sonst schlecht wird, haben Sie dann nicht auch gleich weniger Appetit darauf?

Es kommt nicht darauf an, die Nahrungsaufnahme von Kindern perfekt zu steuern, sondern ihnen ein abwechslungsreiches und attraktives Angebot zu machen, ansonsten aber ihre Fähigkeit zu stärken, selbst zu wählen. Möchte ein Kind jeden Tag Pommes frites, weil ihm nichts anderes einfällt, dann ist das sicher einseitig - wählt es aber über längere Zeit selbst aus einem großen Angebot immer wieder das gleiche, wird es schon seine Gründe haben. Ich kann es beraten, anregen, mal was anderes zu probieren, zwingen sollte ich es nicht.

Die Grenzen der Wahlfreiheit

Ich sehe jetzt schon die erbosten Gesichter vieler Mütter vor mir: Soll ich etwa jeden Tag eine längere Speisekarte anbieten? Soll ich den ganzen Tag in der Küche stehen, um jedem einzelnen das zu kochen, was er gerade mag?

Das selbstverständlich nicht. Die Wahlfreiheit hat ihre Grenze am Praktikablen. Die Essensvorbereitungen sollen ja eben nicht so viel Zeit in Anspruch nehmen, daß zum Vorlesen, Spielen, Spazierengehen keine mehr übrig bleibt. Aber Kinder können am Speiseplan und am Einkauf angemessen beteiligt werden. Sie sollten auch die Freiheit haben, von etwas, das ihnen nicht schmeckt, wenig oder gar nichts zu essen. Ob sie dann etwas anderes bekommen, hängt davon ab, wieviel Mühe das macht.

Sicher ist es für den, der kochen muß, nicht zumutbar, für jeden etwas anderes zuzubereiten. Auch darf, wer eine Mahlzeit ausläßt, keine Ansprüche darauf stellen, eine Stunde später etwas zu bekommen. Aber wer will ein Kind hindern, sich in der Küche selbst etwas zu suchen oder zurechtzumachen?

Über das Recht, zwischen den Mahlzeiten etwas zu essen, gibt es in manchen Familien erbitterte Streitigkeiten. Aber ich denke, wenn die Mahlzeiten so gestaltet sind, daß sie allen Spaß machen, dann bringt schon der Hinweis: „Wir essen doch gleich!“ den Hungrigen dazu, sich einzuschränken. Ich jedenfalls finde es unnötig, in solche Gefechte viel Energie zu investieren. Sie zwingen die Erwachsenen, Macht auszuüben, und machen die Kinder mit Recht wütend und trotzig.

Die leidigen Süßigkeiten

Nun klagen Ärzte und Zahnärzte besonders über das Unmaß an Zucker, das von Kindern in Form von Leckereien zwischen den Mahlzeiten konsumiert wird. Aber Kinder haben oft ein besonders großes Bedürfnis nach Süßem, und das nicht ohne Grund. Zucker ist Nervennahrung. Er ermöglicht die Bildung des Nervenhormons Serotonin im Gehirn und Nervengewebe. Alle seelischen Beanspruchungen, Ängste, Streß, Überforderung, erhöhen den Bedarf an Serotonin. Sein Mangel begünstigt Reizbarkeit, Schlafstörungen, Ängste, Depressionen. Deshalb lösen seelische Belastungen oft einen Heißhunger auf Süßes aus.

Andererseits kann auch eine zu eiweißreiche Kost den Haushalt der Serotoninproduktion durcheinanderbringen, und dadurch steigt dann fast automatisch wiederum der Appetit auf Süßes.

Allerdings betonen Ernährungsfachleute, daß es nicht die Produkte aus hochkonzentriertem und mit vielfachen künstlichen Zusatzstoffen versehenem Industriezucker sein müssen, die das kindliche Bedürfnis nach Süßem stillen. Sie empfehlen eher Fruchtschnitten, Trockenobst oder Vollkornkekse. Ob Kinder allerdings immer geneigt sind, die süßen Verführer dagegen einzutauschen, erscheint mir fraglich. Probieren Sie es selbst aus, wenn es Ihnen wichtig ist.

Aus psychologischer Sicht können Eltern, die mit rigorosen Methoden versuchen, den Süßigkeitskonsum ihrer Kinder einzuschränken, leicht das Gegenteil erreichen. „Was verboten ist, das macht uns gerade scharf!“

Es ist einfach nicht wahr, daß Kinder, die man nicht bremst, sich an Süßem hoffnungslos überfressen. Aber ich weiß von Kindern, die, zu Hause sehr knapp gehalten, bei Freunden stets mit Heißhunger über die großzügig bereitgestellten Süßigkeiten herfielen, während die Gastgeber, an diese Großzügigkeit gewöhnt, recht maßvoll waren.

Dumme Angewohnheiten

Aber ich habe vorhin selbst von Moden und dummen Angewohnheiten gesprochen. Viele Kinder haben sich angewöhnt, unentwegt irgend etwas zu mümmeln, und das hat sicher mit Bedarf nicht mehr viel zu tun. Warum tun sie das?

Bitte beobachten Sie sich einmal selbst: Wann haben Sie besonders das Bedürfnis, zu naschen oder, zum Beispiel, ein Bier zu trinken oder zu rauchen? Die meisten tun das, wenn sie beim Fernsehen sitzen, im Kino oder am Schreibtisch – also wenn sie relativ untätig und passiv bei etwas zusehen oder sehr einseitig nur den Kopf gebrauchen. Die wenigsten naschen beim Sport oder bei spannenden körperlichen Betätigungen im Freien. Die Konsequenz ist klar! Nicht Verbote helfen weiter, sondern interessante Angebote statt bequemer Tröster.

Fröhliche Mahlzeiten

Aber es gibt noch einen anderen Grund dafür, daß viele Kinder lieber zwischen den Mahlzeiten essen, als dann, wenn alle um den Tisch sitzen. „Sitz gerade!", „Mansch nicht so!", „Nimm die Gabel in die andere Hand!", „Nein, erst wird der Teller abgegessen!" – Glauben Sie, daß in so einer Atmosphäre Essen Spaß macht?

Auch die Regeln des „guten" Benehmens bei Tisch sind Veränderungen unterworfen. Zu Zeiten meiner Eltern hatte die ganze Familie mit dem Essen aufzuhören, wenn der Vater sein Besteck beiseite legte, durfte ein Kind nicht weiteressen, wenn ihm der Löffel auf den Boden fiel. In Großbritannien hält der feine Mensch selbst beim Essen von Erbsen die Gabel mit der Wölbung nach oben. Deshalb sollten Eltern auch die Regeln, die sie selbst als Kinder gelernt haben, daraufhin überprüfen, ob sie ihnen wichtig und sinnvoll erscheinen oder nicht.

Was stört wen – und warum? Gewiß muß sich jeder bei Tisch so benehmen, daß denen, die mit ihm essen, nicht der Appetit vergeht. Aber das verbietet längst nicht alles, was nach manchen Benimmregeln nicht erlaubt sein soll.

- Wer sagt, daß man beim Essen nicht singen darf?
- Warum darf man den Kopf nicht aufstützen oder Fleischstückchen mit den Händen essen?
- Was spricht gegen einen Blumenkohlbaum auf einem Kartoffelberg an einem Saucensee, wenn hinterher das Aufessen mehr Spaß macht?

Es spricht nichts dagegen, Kinder über die Regeln, die einem wichtig erscheinen, zu informieren, sie ihnen als gutes Beispiel unermüdlich vorzumachen. Aber ist es nicht auch schön, zu Hause eine Stelle zu haben, wo man sich gehenlassen kann, wo man ungehemmt und mit Lust essen kann? Verlassen Sie sich darauf – wenn die Kinder größer werden und gesittet essen *wollen,* dann wissen sie recht genau, wie es geht!

Es ist sicher auch verführerisch, die gemeinsame Mahlzeit, bei der endlich mal alle Auge in Auge um den Tisch sitzen, zum Aufarbeiten anstehender pädagogischer Probleme zu nutzen. „Warst du heute wieder so laut im Kindergarten?", „Wer hat denn nun

die Blumenvase runtergeworfen?" Aber dann darf man sich auch nicht wundern, wenn die Kinder dieser unangenehmen Situation möglichst schnell entfliehen wollen und schon nach drei Bissen „überhaupt keinen Hunger mehr" oder gar Bauchschmerzen haben.

Gemeinsam macht es mehr Spaß

Für manchen häuslichen Suppenkaspar ist auch das Essen im Kindergarten eine ganz neue und lustvolle Erfahrung. In fröhlicher Runde mit anderen macht Spaß, was zu Hause vielleicht lästige Pflichtübung ist - vorausgesetzt natürlich, daß auch dort niemand zu sehr auf gute Tischsitten hält.

Hinzu kommt, daß Kinder im Kindergarten oft viel selbständiger mit dem Essen umgehen - zum Beispiel den Tisch decken und wieder abräumen oder ihre Brote selbst schmieren in einem Alter, in dem die meisten Eltern noch fest überzeugt sind, ihnen das abnehmen zu müssen. Zuzusehen, wie fröhlich und selbstbewußt die Kinder das bewerkstelligen, ist sehr heilsam!

Mehr Geselligkeit beim Essen können Sie auch zu Hause erreichen, wenn Sie häufiger mal andere Kinder zum Essen einladen. Den Kindern macht's mehr Spaß, für die Eltern kann es wechselseitig eine willkommene Entlastung sein.

Wie sehr auch hier wieder die Konflikte, die eine ganze Familie miteinander hat, sich im Eßverhalten eines Kindes ausdrücken können, soll am Beispiel von Mareike gezeigt werden. Mit Erziehungs- oder Ernährungsratschlägen allein ist in einem solchen Fall nicht zu helfen.

Mareike will nicht essen

Mareike, zwei Jahre alt, ist sehr klein und zart. Mit ihrer Ernährung hat die Mutter von Anfang an Schwierigkeiten gehabt. Mareike trank wenig, spuckte leicht oder fing an zu schreien. Inzwischen ist jede Mahlzeit ein längeres, strapaziöses Theater.

Was ist los mit Mareike? Ist sie krank? Hat sie Kummer? Wie könnte man sie dazu kriegen, besser zu essen?

Mareikes Eltern haben sich schon vor der Geburt des Kindes getrennt. Die Mutter möchte beweisen, daß sie auch allein zurechtkommt. Daß Mareike so sehr klein und zart war, machte ihr das nicht leicht. Bei der Säuglingsfürsorge sagte man ihr, ein Kind könne auch spüren, wenn die Mutter Probleme habe, und darauf mit Nahrungsverweigerung reagieren. Das belastete sie. Sie gab sich um so mehr Mühe, im Umgang mit dem Baby heiter und gelassen zu sein. Jede Mahlzeit wurde für sie zum Prüfstein. Von Mareikes Vater und seinen Eltern hörte sie nur Vorwürfe. Aber mit Hinweis auf die besonderen Schwierigkeiten des Kindes hat sie bis jetzt wenigstens verhindern können, daß Vater und Schwiegereltern das Kind in regelmäßigen Abständen bei sich haben möchten.

Auch ihre eigene Mutter meint besser zu wissen, wie sie Mareike ernähren müßte. Sie selbst, Mareikes Mutter, sei als Baby auch so schmächtig gewesen, hat sie ihr erklärt, aber mit ihren Methoden habe sie Erfolg gehabt. Mareikes Mutter aber möchte selbst bestimmen, wie ihre Tochter ernährt und erzogen wird. Da allerdings das Theater um die Mahlzeiten täglich sehr viel Zeit in Anspruch nimmt, ist sie manchmal doch froh, wenn die Mutter ihr das Kind abnimmt. Sobald Mareike ein paar Tage lang besser gegessen hat, wagt sie es deshalb, sie für ein paar Stunden der Oma zu überlassen, um Dringendes zu erledigen. Dann setzt ihre Mutter ihren ganzen Ehrgeiz darein, daß Mareike bei ihr gut ißt. Mareike aber reagiert sehr allergisch, wenn die Mutter ohne sie weggeht, und dankt die Mühen der Oma überhaupt nicht.

Mareikes Mutter hat, um aus diesem Teufelskreis wieder herauszukommen, die Hilfe einer Beratungsstelle in Anspruch genommen. Die Beraterin hat sich mit Mareike selbst kaum befaßt, nachdem erst einmal geklärt war, daß das Kind organisch völlig gesund ist. Aber sie führte viele Gespräche mit der Mutter und der Großmutter, später auch noch mit dem Vater. Sie machte allen Beteiligten klar, daß es überhaupt nicht darum ginge, einem von ihnen oder allen die „Schuld" an Mareikes Eßproblemen anzulasten, sondern ihnen zu zeigen, daß die vielschichtigen Konflikte, die sie miteinander hatten, Mareikes gestörtes Eßverhalten aufrechterhielten.

Die Mutter war unsicher. Sie wollte mit dem Kind unbedingt alles gut und richtig machen, sich vor allem vom Vater und seinen Eltern keine Fehler vorwerfen lassen. Da ihr Selbstbewußtsein von Mareikes Eßverhalten abhing, konnte sie nicht gelassen bleiben, sondern probierte hektisch und verzweifelt eine Methode nach der anderen aus.

Mareike schlug die Gespanntheit und Unsicherheit der Mutter auf den Magen. Sie wurde selbst unruhig, spuckte, schrie, wollte nicht essen.

Zwischen den Eltern wurde Mareike zum Faustpfand. Der Vater warf der Mutter Unfähigkeit vor. Die Mutter verweigerte ihm mit Hinweis auf die Eßprobleme das Besuchsrecht.

Die Großmutter wollte ihrer Tochter beweisen, daß sie mehr von Kindern versteht, aber ihr Rat wurde oft nicht angenommen. Nur wenn die Tochter dringend weg wollte, war sie wieder gut.

Mareike war sehr eng an die Mutter gebunden und wollte nicht allein bei der Oma bleiben. Da die Mutter sie immer zur Oma brachte, wenn sie gerade ein paar Tage besser gegessen hatte, erlebte sie das wie eine Bestrafung und fiel daraufhin in ihr altes Verhalten zurück, mit dem sie die Mutter bei sich festhalten konnte.

Mareikes Eltern und die Großmutter lernten, alle diese Konflikte miteinander auszutragen und nach Lösungen zu suchen. Keiner sollte Mareike mehr besonders zum Essen drängen. Sie aß kurze Zeit beängstigend wenig, aber dann zunehmend mehr – freiwillig, mit Appetit, auch vieles, was sie vorher nicht mochte. Als sie drei war, war das Schlimmste ausgestanden. Im Kindergarten aß sie problemlos mit den anderen. Nur wenn sie sich sehr aufregte, bekam sie Bauchschmerzen oder mußte erbrechen.

Angsthasen

Jedes Kind hat vor irgend etwas Angst. Jeder Erwachsene auch. Nur sind unsere Ängste anders als die der Kinder. Die meisten von uns haben auch gelernt, ohne fremde Hilfe mit ihren Ängsten umzugehen. Kinder können das noch nicht.

Angst hat einen Sinn

Angst hat auch eine sinnvolle Funktion. Sie warnt uns vor Gefahren und aktiviert uns so, daß wir entweder schnell wegrennen oder etwas gegen die Gefahr unternehmen können. Deshalb kann es nicht unser Ziel sein, Kinder so zu erziehen, daß sie keine Angst haben - oder ihre Angst unterdrücken, weil sie unbedingt mutig sein wollen.

Früher wurde insbesondere von Jungen erwartet, daß sie keine Angst zeigen. Und im Laufe ihres Lebens haben viele dann wohl auch gelernt, sie gar nicht mehr zu empfinden. Ziel dieser Erziehung war der furchtlose, mutige Held. Ein Mensch aber, der gezwungen wird, einen Teil seiner Empfindungen zu verdrängen, ist ein seelischer Krüppel.

Deshalb sollte jeder seine Ängste wahrnehmen, sich zu ihnen bekennen dürfen. Nur dann kann er sich mit ihnen auseinandersetzen, kann er lernen, vernünftig mit ihnen umzugehen.

Angst kann auch sinnlos und hinderlich sein

Allerdings können Ängste auch sinnlos und hinderlich sein. Ängste, die Unternehmungsgeist und Handeln blockieren, die einen Menschen davon abhalten, etwas Erfreuliches, Interessantes, Nützliches zu unternehmen, beeinträchtigen seine Entwicklungsmöglichkeiten.

Ein Kind, das aus Angst vor allem Neuen nicht mehr wagt, neugierig zu sein, verliert die Lebensfreude, verpaßt wichtige Gelegenheiten, sich zu üben und zu entwickeln.

Unter Fachleuten wird die vernünftige Form der Angst oft *Realangst* oder *Furcht* genannt. Von Angst im eigentlichen Sinne spricht man dann, wenn der Mensch, der sie empfindet, sich einer kritischen Situation hilflos ausgeliefert fühlt, für sich keine Chancen der sinnvollen Reaktion mehr sieht.

Solche sinnlosen und hinderlichen Ängste müssen abgebaut werden.

Ängstliche und weniger ängstliche Kinder

Nun gibt es ängstliche und weniger ängstliche Kinder. Ein Stück weit scheint das eine unabänderliche Tatsache zu sein. Manche Eltern geben sich die größte Mühe, ängstigende Erlebnisse von ihrem Kind fernzuhalten, trotzdem reagiert es mit Angst selbst auf Kleinigkeiten. Andere wiederum beobachten, daß ihr Kind selbst in kritischen Situationen erstaunlich gelassen bleibt.

Das soll freilich nicht heißen, daß die elterlichen Bemühungen zwecklos sind. Durch günstige Umwelteinflüsse kann ein sehr ängstliches Kind lernen, seine Angst zu bewältigen. Ungünstige Umwelteinflüsse werden auch aus dem Gelassensten zumindest vorübergehend einen Angsthasen machen.

Entwicklungsbedingte Ängste

Oftmals wechseln auch in der kindlichen Entwicklung Phasen besonderer Ängstlichkeit mit solchen, in denen kaum Ängste auftreten. Manche dieser Phasen hängen mit äußeren Umständen zusammen, in denen das einzelne Kind lebt. Andere wiederum treten ohne erkennbare äußere Umstände, „aus heiterem Himmel" auf. Sie haben dann wahrscheinlich ihre Erklärung in einem bestimmten Entwicklungsschritt, in neu erworbenen Möglichkeiten der Erfahrung, die aber noch nicht recht verarbeitet werden können.

8-Monats-Angst

Eine erste Phase dieser Art ist die sogenannte *8-Monats-Angst*, das *Fremdeln*. Nun ist es schwer, das, was ein Kind von acht Monaten „denkt", sich vorstellt oder in seiner Phantasie für möglich hält, in die Sprache der Erwachsenen zu kleiden. Aber das Kind lernt wahrscheinlich allmählich, daß in unserer Kultur, und so auch bei der Betreuung kleiner Kinder, ein großer Unterschied gemacht wird zwischen denen, die dazugehören, die Wärme, Trost und Nahrung geben, und denen, die nicht dazugehören, von denen man Befriedigung der Bedürfnisse nicht erwarten kann, ja vielleicht sogar Böses befürchten muß. Möglicherweise reichen die Phantasie und die zeitliche Reichweite von Vorstellungen jetzt gerade aus, sich solche unangenehmen Möglichkeiten vorzustellen.

Beginnt das Kind, solche Zusammenhänge zu ahnen - mehr mit dem Gefühl natürlich, als mit dem Verstand -, dann beginnt es vielleicht zu fremdeln. Es wehrt sich mit allen Anzeichen von Angst gegen jede Annäherung eines Fremden, klammert sich fest an die vertrauten Personen.

Aber längst nicht alle Kinder reagieren so. Dabei spielen auch Umwelteinflüsse eine Rolle. Ein Einzelkind, dessen Eltern selbst recht zurückgezogen leben, wird sicher eher fremdeln, als eines, für das die Anwesenheit vieler anderer Menschen, die auch alle mal füttern, trösten, in den Schlaf singen, von Anfang an selbstverständlich ist.

Das fremdelnde Kind muß Vertrauen zu Menschen, die es als fremd empfindet, langsam lernen dürfen. Reagiert es auf die ausgestreckte Hand eines Menschen ängstlich, darf man es nicht nötigen, die seine hinzuhalten. Wendet es sich abweisend weg, sollte man den Abstand einhalten, der ihm erträglich erscheint. Auf der anderen Seite wird man natürlich versuchen, das Kind langsam und schrittweise an den Umgang mit Fremden zu gewöhnen. Wenn es dabei nur gute Erfahrungen macht, wird seine Angst sich schneller legen.

Andererseits ist ein gewisses Maß an Zurückhaltung Fremden gegenüber durchaus angemessen. Und auch ein kleines Kind muß nicht jeden, der sich ihm nähert, gleichermaßen sympathisch finden.

Trennungsangst

Eine weitere Phase besonderer Ängstlichkeit haben Kinder oft, nachdem sie laufen gelernt haben. Durch ihre eigene neue Fähigkeit, sich schnell von den vertrauten Erwachsenen zu entfernen, geht ihnen auf, daß deren ständige Anwesenheit nicht so selbstverständlich ist, wie sie bislang annahmen. Oft geraten sie dadurch in Konflikt zwischen ihrer Unternehmungslust und dem Bedürfnis, sich anzuschmiegen und festzuhalten. Ihr Erwartungshorizont reicht jetzt gerade so weit, daß sie sich vorstellen können, die Mutter, die eben das Zimmer verläßt, käme womöglich nicht zurück. Das Kind packt die *Angst, verlassen zu werden.* Auch diese Angst ist an sich sinnvoll. Das kleine Kind ist ohne Schutz und Hilfe von Erwachsenen nicht lebensfähig. Daß es lauthals schreit, wenn es im Gewühl des Warenhauses den Vater verloren hat, ist die sicherste Gewähr dafür, daß er es ziemlich schnell wiederfindet.

Andererseits tritt diese Angst auch da auf, wo wir Erwachsenen glauben, für die Absicherung des Kindes gut vorgesorgt zu haben. Es will nicht mehr allein in einem Raum bleiben, Mutter oder Vater abends nicht mehr aus dem Zimmer oder gar aus der Wohnung gehen lassen.

Für die Eltern ist das eine schwierige Zeit, weil sie sie besonders an das Kind bindet, vielleicht gut eingespielte Arrangements mit Babysitter, Tagesmutter, Großeltern über den Haufen wirft. Und es ist auch schwierig, herauszufinden, wie man sich am besten verhält. Für eine Übergangszeit, in der die Angst wirklich spürbar groß ist, neigen die meisten wahrscheinlich dazu, das Kind zu beruhigen und bei ihm zu bleiben. Es kann aber auch sein, daß das Kind sich daran gewöhnt, durch lautes Geschrei die Eltern bei sich festzuhalten. Und mit der Zeit haben die dann das Gefühl, vom Kind tyrannisiert zu werden. Sie müssen versuchen, langsam und in kleinen Schritten eine Trennung wieder möglich zu machen, denn sie haben ja auch das berechtigte Bedürfnis, einmal ohne Kind etwas zu unternehmen.

Sehr wichtig dabei ist, daß sie sich in ihren Versprechungen fürs Wiederkommen als unbedingt zuverlässig erweisen – daß sie nicht zwei Stunden wegbleiben, wenn sie versprochen haben, gleich wiederzukommen oder nur einmal um den Block zu gehen. Die Versuchung ist groß, sich mit so einer Ausrede einen leichten Abgang zu verschaffen. Merkt das Kind aber, daß es betrogen wurde, wird das seine Angst wieder steigern, und es wird beim

nächsten Mal wieder heftiger protestieren. Macht es dagegen die gute Erfahrung, daß die Eltern immer wie versprochen zurückkommen, und daß der Mensch, der bei ihm bleibt, auch fürsorglich und zuverlässig ist, wird die Angst nachlassen.

Gibt man dem ängstlichen Kind immer wieder nach, hat es gar keine Gelegenheit, solche guten Erfahrungen zu machen. Gute Erfahrungen mit anderen Menschen aber sind eine wichtige Voraussetzung für die zunehmende Selbständigkeit des Kindes.

Kindern mit Trennungsangst hilft es oft, wenn sie bei einer Trennung etwas, das zu den Eltern gehört, bei sich haben können. So haben sie vielleicht gern Mutters Kopfkissen im Bett oder werden gleich zum Einschlafen ins Elternbett gelegt. Später, im Kindergarten, mag Vaters Mütze den etwas verzagten Sohn auf magische Weise behüten, bis er wieder abgeholt wird. (Ich hoffe nur, es drängt ihn keiner, die Mütze abzunehmen.)

Trennungsangst im Kindergarten

Die Zeit, in der Kinder ohne die Eltern für Stunden in einer Kindergruppe bleiben sollen, läßt oft Trennungsängste wieder aufleben. Viele sind dann schon drei oder vier Jahre alt. Bei ihnen kommt die *soziale Angst* hinzu, mit den anderen Kindern und den Erzieherinnen zurechtzukommen, sich so verhalten zu können, wie das von ihnen erwartet wird.

Dabei sind kleine Kinder oft ganz wild darauf, zusammen mit anderen Kindern zu spielen. Manchem ist das so wichtig, daß es die Mutter oder den Vater darüber völlig vergißt. Andere helfen zwar eifrig bei der Suche nach einer Gruppe, freuen sich sehr, wenn sie eine gefunden haben. Sie gehen auch begeistert mit, spielen mit den anderen, aber sobald die Mutter sich entfernen will, klammern sie sich verzweifelt an und wollen lieber wieder mitgehen, als allein da zu bleiben. Und das nicht nur am ersten Tag, sondern womöglich über Wochen – was nun?

Weiß das Kind nicht, was es will? Ist es verwöhnt oder launisch? Ich glaube, es hat bei all seiner Freude am Spiel mit den anderen nicht recht absehen können, daß es doch eine ziemliche Umstellung ist, sich dafür über Stunden von den engsten Bezugspersonen trennen zu müssen. Und das stürzt es jetzt in einen schweren Konflikt, dem es lauthals Ausdruck gibt. Es wird verzagt und unsicher – das Spielen macht keinen Spaß mehr. Wenn Sie es jetzt schelten und einfach weggehen, wird seine Angst wahrscheinlich größer. Denn diese Angst bei der Trennung heißt doch auch: „Ob sie mich noch liebhaben, wenn sie weggehen? Ob sie mich vergessen? Ob sie mich überhaupt wieder abholen?“ Und diese Angst findet natürlich Nahrung, wenn Sie sich im Streit entfernen.

Das heißt nicht, daß es nicht richtig sein kann, einfach zu gehen – nur eben nicht ärgerlich, sondern freundlich, verständnisvoll, aber entschlossen.

Bei vielen Kindern ist die Angst nach wenigen Minuten vorbei, sie spielen eifrig und möchten, wenn man sie dann abholt, am liebsten noch bleiben. Ein Anruf nach kurzer Zeit kann Sie da sehr beruhigen.

Weint das Kind aber selbst nach einer Stunde noch, würde ich wieder zu ihm gehen. Das Kind kann keine guten Erfahrungen im Kindergarten machen, wenn es lange Zeit nur weint und keinen Kontakt zu den anderen aufnimmt.

Solche Kinder müssen sich sehr langsam an die neue Situation gewöhnen dürfen. Versuchen Sie, in der ersten Zeit in der Gruppe zu bleiben, sich zunächst im gleichen Raum langsam zu entfernen, dann in den Nachbarraum zurückzuziehen, mal für eine kurze Besorgung wegzugehen, dann länger, bis Sie schließlich ganz wegbleiben können. (Das bedeutet, daß die Mutter möglichst nicht gleich, wenn das Kind einen Platz gefunden hat, wieder Arbeit aufnimmt, oder daß der Vater Zeit hat.)

Wer kann sich von wem nicht trennen?

Bis jetzt sind wir freilich davon ausgegangen, daß es nur das Kind ist, das sich schwer trennen kann - aber stimmt das eigentlich?

Viele Mütter fürchten insgeheim den ersten Tag im Kindergarten - ist da nicht ein Abschnitt ganz besonderer Intimität zu Ende? Gibt es nicht einen kleinen Stich der Enttäuschung, wenn das Kind grußlos in der Puppenecke verschwindet und sie überhaupt nicht mehr wahrnimmt? Braucht es sie nicht mehr?

Tut es nicht gut, so sehr geliebt zu werden, daß man unentbehrlich ist? Wird die Erzieherin überhaupt mit dem Kind richtig umgehen können? Ist da nicht die Angst des Kindes ein recht willkommener Anlaß, doch lieber noch ein bißchen zu bleiben und die Situation zu beobachten?

Manche Mütter haben auch ein schlechtes Gewissen: Bin ich eine schlechte Mutter, wenn ich mich insgeheim über dieses Stück wiedergewonnene Freiheit freue? Habe ich etwa aus rein egoistischen Gründen mein armes Kind in diese Situation gebracht? Geschieht es mir da nicht ganz recht, wenn das Kind sich wehrt?

Die Antwort auf die Frage, wer hier eigentlich wen nicht loslassen kann, ist sicher meistens kein einfaches Entweder/Oder. Meistens sind beide recht gut aufeinander eingespielt. Aber es gibt einen recht einfachen „Test“: Probieren Sie doch mal aus, was passiert, wenn jemand anders das Kind morgens in den Kindergarten bringt. Möglicherweise behebt das das Problem schlagartig.

Angst bei Trennungen - zum Beispiel Krankenhaus

Heftige Trennungsängste können bei Kindern auch ausgelöst werden, wenn sie wirklich, womöglich noch unvorbereitet, von ihren Eltern getrennt werden. Das ist zum Beispiel der Fall, *wenn ein Kind ins Krankenhaus muß* und von seinen Eltern nicht begleitet werden kann. Aus der Sicht des Kindes ist das sehr verständlich. Es ist daran gewöhnt, daß Mutter oder Vater es dann, wenn es ihm schlecht geht, besonders liebevoll umsorgen. Nun aber geht es ihm schlecht, da wird es von den Eltern bei wildfremden Menschen in einer beängstigenden Umgebung ausgesetzt! Gutes Zureden hilft da wenig.

Die meisten Kinder wehren sich gegen diese Zumutung mit verzweifeltem Geschrei. Und das mit Recht! Irgendwann aber fügen sie sich in ihr anscheinend unveränderbares Schicksal, werden ruhig und gefügig. Kommen dann Vater oder Mutter zu Besuch, sehen sie sie zunächst oft kaum an, gewinnen erst langsam wieder Zutrauen. Wollen die Eltern dann gehen, beginnt wieder das verzweifelte Geschrei.

Früher wurde Eltern deswegen geraten, ihr Kind lieber in den nächsten Tagen überhaupt nicht zu besuchen, denn es rege sich immer nur aufs neue auf! Ich hoffe, das gehört der Vergangenheit an. Denn das Kind, das sich schreiend wehrt, ist seelisch noch gesund. Das, das sich still fügt, ist auf dem Weg in Verzweiflung und Depression. Heute sind ganztägige Besuchszeiten auf Kinderstationen hoffentlich überall selbstverständlich, wenn schon nicht Mutter oder Vater mit aufgenommen werden können, um Tag und Nacht bei ihrem Kind zu bleiben. Es ist nachweisbar, daß ins Krankenhaus begleitete Kinder schneller gesund werden.

Krankenhauseinweisungen von Kindern unter sechs Jahren sollten auf wirklich dringende Notfälle beschränkt bleiben.

Kommt ein Kind aus dem Krankenhaus zurück, berichten fast alle Eltern von nächtlichem Aufschrecken, heftigen Ängsten vor dem Alleinbleiben und einem Rückfall in bereits überwundene Verhaltensweisen. Nur mit sehr viel Nähe und Zuwendung kann das zerbrochene Vertrauen langsam wieder aufgebaut werden.

Angst vor Phantasien

Kinder von etwa zwei Jahren an haben oft eine besonders blühende Phantasie. Alles um sie herum ist lebendig, alles kann im Guten wie im Bösen Einfluß auf sie nehmen. Der Mond sieht ihnen zu und kann durchs Fenster kommen. Das Krokodil aus dem Bilderbuch kann unterm Bett sitzen und versuchen, ihnen in die Zehen zu beißen. Dem offenen Geviert des Kaspertheaters können im Dunkeln ängstigende Gestalten entsteigen.

Es ist eine Sisyphusarbeit, ihnen solche Ängste mit Vernunftgründen ausreden zu wollen - denn was uns vernünftig erscheint, muß dem Kind durchaus nicht einleuchten. Selbst der gemeinsame Blick unters Bett hilft nicht gegen ein Krokodil, das sich unsichtbar machen kann, das bei Licht verschwindet und bei Dunkelheit wieder da ist. Unsere „vernünftigen" Argumente können sogar dazu führen, daß das Kind sich unverstanden fühlt, geben wir ihm doch zu verstehen, daß es diese Ängste eigentlich nicht haben darf - es hat sie aber! Und schließlich reagieren wir auch nicht immer vernünftig - haben Sie noch nie beim Zubettgehen besonders schnell die Beine unter die schützende Decke gezogen, wenn Sie zum Beispiel spät abends einen Gruselfilm gesehen hatten?

Hilfreicher ist es oft, das Kind selbst zu fragen, was man denn tun könnte, damit es weniger Angst hat. Es wird vielleicht vorschlagen, das Krokodil mit einer Decke einzufangen und aus der Wohnung zu werfen, das Bilderbuch, in das es gehört, wegzunehmen, den Vorhang vom Kaspertheater zuzuziehen. Sicher aber möchte es abends ein Licht brennen haben und die Tür zum Flur offenlassen. Denn allein im Dunkeln treibt die Phantasie besonders große Blüten, ist die Angst am größten. Angst aber ist ein schlimmeres Schlafhindernis als z. B. vertraute Geräusche.

Rituale gegen die Angst

Manche Kinder entwickeln in diesem Alter auch absonderliche Rituale, um sich gegen ihre Angst zu schützen. Da muß beim Zubettgehen eine ganz genaue Abfolge von Vorlesen, Zudecken, Küßchengeben eingehalten werden, bestimmte Worte müssen gesprochen, bestimmte Handbewegungen gemacht werden, sonst kann das Kind nicht einschlafen. Unserem kritischen Verstand erscheint das sonderbar. Trotzdem gibt es auch hier Beispiele, wo wir ähnlich reagieren.

Nehmen wir an, Sie besitzen ein Radiogerät, das plötzlich nicht mehr funktioniert. Sie wenden es hilflos hin und her, stellen es auf den Kopf, um eine Stelle zu finden, wo es sich öffnen läßt, klopfen kräftig darauf. Da geht das Radio wieder. Im Moment ist der Schaden behoben, wenn Sie auch nicht wissen, weshalb.

Am nächsten Tag setzt das Radio plötzlich wieder aus - was tun sie? Sie vollführen eine an sich sinnlose Handlung, weil Sie die Erfahrung gemacht haben, daß sie einmal zum Erfolg geführt hat. Und eben das tut auch das Kind, das auf einem starren Ritual besteht. Es hat die Erfahrung gemacht, daß es am Vorabend, als so verfahren wurde, ruhig und gefahrlos schlafen konnte. Indem es jedes Wort, jeden Handgriff sklavisch genau wiederholt, glaubt es das auch für die kommende Nacht sichern zu können.

Nun können solche Rituale eine beträchtliche Länge annehmen. Aber Eltern haben es manchmal eilig, zum Beispiel, weil sie noch weggehen wollen. Dann versuchen sie vielleicht, sich auf das Wesentliche zu beschränken. Für das Kind aber gibt es ja gerade diesen Unterschied zwischen wesentlich und unwesentlich nicht. Jede Abweichung beunruhigt es; wenn es beunruhigt ist, kann es nicht einschlafen. Und dann wird es mit dem Weggehen um so schwieriger. Wenn Sie meinen, das Zeremoniell auf längere Sicht abkürzen zu müssen, versuchen Sie das lieber vorsichtig und schrittweise an Abenden, an denen Sie zu Hause bleiben.

Fernsehen

Angst vor Phantasien kann sich bei älteren Kindern auch äußern als Angst nach dem Vorlesen von Geschichten oder nach aufregenden Fernsehfilmen.

Ob Kinder im Vorschulalter überhaupt fernsehen sollten, ist sehr umstritten. Sicher versäumen sie nichts, wenn sie es nicht tun. Ich weiß aber, wie schwierig es ist, sie davon abzuhalten, insbesondere, wenn noch ältere Kinder da sind, die fernsehen dürfen. Sich als Wächter vor die Tür zu stellen, das eine hineinzulassen und das andere nicht, ist wohl nicht praktikabel.

Können Sie das Kleine nicht vom Fernsehen abhalten, bleiben Sie möglichst auch dabei, dann können Sie besser abschätzen, was es da sieht und was es vielleicht ängstigt.

Kleine Kinder kommentieren meist auch unentwegt das Gesehene, wenn man sie nicht daran hindert. Auch dadurch erfahren

Sie, was Ihr Kind aufnimmt und wie es damit umgeht, und können, wenn es nötig erscheint, gleich darauf reagieren. Aber lenken Sie das Kind möglichst bald wieder vom Fernsehen ab, zum Beispiel, indem Sie ihm ein anderes, attraktiveres Angebot machen.

Märchen

An Büchern werden speziell die klassischen Märchen häufig verdächtigt, Kindern Angst zu machen. Nun muß man dazu wissen, daß ja die wenigsten Märchen ursprünglich für Kinder gedacht waren. Sie wurden von Erwachsenen für Erwachsene erzählt und setzen sich in Bildern und Gleichnissen mit menschlichen Gefühlen und Problemen auseinander. Andere wurden von Dichtern, auch eher für Erwachsene, geschrieben. Diese Art des Erzählens in oft recht drastischen Bildern kommt Kindern mit ihrer regen Phantasie sehr entgegen. Allerdings werden sie manches der klassischen Märchen noch nicht recht verstehen.

Anderes, zum Beispiel die meist sehr harte Bestrafung des Bösen, entspricht durchaus ihrem Empfinden für Gerechtigkeit und ängstigt sie weniger, als Erwachsene oft vermuten. Zum Beispiel, daß die böse Königin, die Schneewittchen töten lassen wollte, in glühenden Pantoffeln tanzen muß, bis sie tot umfällt.

Dafür können Ängste entstehen, wo sie zunächst nicht vermutet werden - zum Beispiel, wenn die Eltern von Hänsel und Gretel ihre Kinder im Wald aussetzen.

Sind diese Märchen nun für Kinder geeignet oder nicht? Ich denke, man kann sie nicht kritiklos übernehmen. Jede Mutter, jeder Vater, kennt das eigene Kind und kann wohl auch abschätzen, wie leicht und wovor es sich fürchtet.

Wenn Sie ein Märchen erzählen, anstatt es vorzulesen, können Sie das Kind dabei ansehen und seine Reaktionen beobachten. Sie können kritische Stellen abschwächen oder umändern. So habe ich meinen Kindern das Märchen von Hänsel und Gretel so erzählt, wie es auch in der Oper dargestellt wird - da verirren sich die beiden im Wald beim Beerensammeln.

Gruselgeschichten gegen die Angst

Allerdings möchte ich an einem Beispiel auch erläutern, wie ein für kleine Kinder ganz und gar ungeeignet erscheinendes Märchen einem Kind dabei helfen kann, seine Angst zu bewältigen.

Der vierjährige Benni ist ein sehr sensibles und ängstliches Kind. Er hat eine sehr lebhafte Phantasie und ist geistig den meisten Gleichaltrigen um einiges voraus. Oft ist er mit einem Buch unter dem Arm im Haus unterwegs, um in der großen Familie jemanden zu finden, der ihm etwas vorliest. Diesmal hat er sich aus dem Bestand der großen Schwester Hauffs Märchen ausgesucht und hält der Oma die Geschichte vom Gespensterschiff hin. Die Oma, die das Märchen nicht kennt, beginnt arglos zu lesen. Als aber da von furchtbarem Sturm und Angst vor dem Ertrinken die Rede ist, fängt sie an, zu „frisieren“, denn sie weiß, daß auch Benni vor Sturm und Wasser große Angst hat. Als schließlich ein Schiff voller Blut und Leichen auftaucht, ein Mann gar mit einem großen Nagel durch die Stirn an den Mastbaum genagelt ist, bricht sie ganz ab und versucht dem Jungen klarzumachen, daß das eine scheußliche Geschichte sei, die sie nicht weiter vorlesen wolle. Denn Benni wacht häufig in der Nacht schreiend auf, weil er anscheinend Angstträume hat.

Benni nimmt das Buch und landet damit bei der Mutter, noch bevor die Oma mit ihr reden kann. „Lies mir das vor - aber richtig!" Die Mutter, die die Geschichte kennt, versucht es auch mit dem „Frisieren", aber anscheinend anders als die Oma. Benni wird immer ungeduldiger und verlangt, daß genau das vorgelesen wird, was da steht! Die Mutter gibt ihren Widerstand auf und liest. Benni hört mit unbewegtem Gesicht gespannt zu - bis zum Schluß. Am nächsten Tag muß die Schwester „Das Gespensterschiff" vorlesen - und so weiter, mehr als eine Woche lang. Irgendwann stellt Benni sehr befriedigt fest: „Das ist überhaupt nicht grauslich!"

Lust an der Angst

Viele etwa Vierjährige suchen mit einer gewissen Lust nach solchen Gelegenheiten, den Umgang mit der eigenen Angst zu üben. Sie interessieren sich besonders für Monster, für Gespenster oder Vampire, erzählen auch selbst Gruselgeschichten oder spielen sie. Sie genießen das Maß an Widerstandskraft, das sie bereits erreicht haben.

Angst vor Feuer

Die Angst von Kindern vor den Elementen Feuer und Wasser ist an sich verständlich, denn beide können eine gefährliche Macht entwickeln, die das Kind viel stärker als uns beeindruckt, da es nicht über unsere Erfahrungen darüber verfügt, wie man sie bändigt.

An die Angst vor der Gefährlichkeit des Feuers appellieren wir auch gern, weil wir Kinder vom Zündeln abhalten wollen. Andererseits hat dieses Zündeln für Kinder eine große Faszination, und wir werden nicht bis ins Schulalter hinein jedes Streichholz oder Feuerzeug vor ihnen verstecken können.

Ängstigend wird das Feuer dann, wenn es außer Kontrolle gerät. So entsteht mancher Brand erst dadurch, daß ein Kind das angezündete Hölzchen ängstlich fortwirft, weil es nicht weiß, wie man das Ding wieder ausmachen kann. Deshalb halte ich es für wichtig, daß Kinder von klein an unter Aufsicht den Umgang mit Feuer, das Anzünden, vor allem aber das Ausmachen von Kerzen und Streichhölzern, üben dürfen.

Ältere dann, die gern „kokeln", sollen das dürfen, wenn ein Erwachsener aufpaßt und bestimmte Schutzregeln eingehalten werden. Das nimmt den Reiz des Verbotenen und hilft gegen die Angst, die in kritischen Situationen vielleicht sinnvolles Reagieren verhindert.

Wasserscheu

Nun zum Wasser. Daß ein Kind, das selbst nicht schwimmen kann, angstvoll schreit, wenn es seine Eltern bis zum Hals im Wasser verschwinden sieht, ohne ihnen folgen zu können, ist nachvollziehbar. Daß es selbst diesem Element mißtraut, sobald es den Boden unter den Füßen aufgeben soll, auch. Daß manch eines schon durch ein paar Liter in der Badewanne in Panik zu versetzen ist, schon weniger. Dabei kann die beängstigende Erfahrung, daß Wasser einen leicht umfallen läßt, daß es den Atem nimmt, wenn es übers Gesicht schlägt, auch schon dort gemacht werden. Dies oder Seife in den Augen geht fast jeder Abneigung gegen das Baden in der Wanne voraus. Vielleicht baden Sie mit so einem kleinen Angsthasen gemeinsam in der großen Wanne?

Wenn auch das nichts hilft, sollten Sie ein Kind, das Angst vor dem Wasser hat, zu nichts zwingen. Es verkommt nicht gleich, wenn es für eine Weile nur abgewischt wird. Versuchen Sie, es ganz langsam wieder an etwas größere Wassermengen zu gewöhnen, vielleicht auch mit Hilfe anderer Kinder.

Das gilt in gleicher Weise für Schwimmbad und Badestrand. Auf der einen Seite ist frühes Schwimmenlernen wünschenswert. Es schützt vor der Gefahr des Ertrinkens. Die Erfahrung, das nasse Element zu beherrschen, hilft gegen die Angst vor ihm und gibt Selbstvertrauen. Auf der anderen Seite kann der Druck zum Schwimmenlernen oder auch ein ungeschickter Schwimmlehrer Angst und Widerwillen eher stärken als abbauen, das Selbstbewußtsein eher schädigen als fördern.

Schrittweise Annäherung unter Bedingungen, die Spaß machen, so möchte ich sinnvolle Maßnahmen gegen Wasserscheu skizzieren, die genauere Ausgestaltung Ihnen überlassen, die Sie Ihr Kind am besten kennen.

Angst vor Tieren

Die meisten Kinder fürchten sich vor irgendwelchen Tieren. Viele Erwachsene übrigens auch, nur können die es meist besser überspielen.

Ich gehe mit einem zweijährigen Kind an der Hand spazieren. Es nähert sich eine Dame mit einem Hund. Der Hund ist nicht einmal sonderlich groß, aber sehr lebhaft. Er rennt auf das Kind zu. Ich spüre, wie sich die Hand des Kindes in meiner verkrampft, wie sein Atem entsetzt stockt. Da blickt uns die inzwischen näher gekommene Dame freundlich an und verkündet in das ausbrechende Gebrüll hinein: „Der tut nichts, der will nur spielen". Ich könnte sie erwürgen! Warum hält sie den Hund nicht fest, wenn sie sieht, daß ein kleines Kind kommt, das offensichtlich Angst hat? Warum kapieren so viele Erwachsene nicht, wie groß ein Hund aus der Perspektive eines kleinen Kindes ist? Dabei brauchten sie doch nur mal neben so einem Kind in die Hocke zu gehen! Wie fühlen Sie sich denn – ich spreche jetzt mal speziell die Stadtmenschen an – wenn im Urlaub beim Überqueren einer Weide ein Rindvieh auf Sie zugerannt kommt? Dabei verstehen Sie noch mehr von Rindern als ein kleines Kind von Hunden. Und Rinder bellen auch nicht!

Die Angst von Kindern vor Hunden ist sehr verständlich, und, wenn man an die vielen Gebissenen denkt, auch gerechtfertigt. Man muß von jedem Hundehalter erwarten dürfen, daß er darauf Rücksicht nimmt.

Andere Kinderängste vor Tieren sind weniger leicht einsichtig und veranlassen uns vielleicht gar zu überlegenem Spott.

Ein Elternpaar besucht mit seinen beiden kleinen Kindern zum ersten Mal einen Bauernhof. Sie gehen auch in den Kuhstall. Angst sollen die Kinder nicht haben. Deshalb nimmt jeder eines schützend auf den Arm, streichelt es, ermutigt es, ganz vorsichtig mal ein bißchen zu streicheln. Es geht prima. Erleichtert setzen die beiden Eltern die Kinder beim Verlassen des Stalles wieder auf den Boden. Da stürzen die schon erschrocken wieder auf sie zu und fangen an zu schreien - weil auf dem Hof ein paar Hühner herumflattern.

Das Schnelle, Flatterige, Unberechenbare an manchen Tieren kann Kindern oft mehr Angst machen, als die geballte, aber ruhige Kraft und Größe. Das müßte zumindest jede Mutter gut verstehen können, die Angst vor Mäusen hat. Und wer sich vor Spinnen fürchtet, darf über die Angst von Kindern vor Raupen oder Regenwürmern nicht spotten.

Woher diese Ängste kommen? Ich weiß es nicht. Die häufig anzutreffenden symbolischen Deutungen: „In Wirklichkeit ist das die Angst vor ...“ sind meist recht phantasievoll, aber nicht beweisbar. Ich finde diese Frage aber auch nicht so wichtig. Wichtiger ist, wie wir mit solchen Ängsten umgehen.

Angst abbauen

Ich möchte am Beispiel der Angst vor einem Tier erklären, wie man am besten vorgeht, wenn man Angst abbauen möchte. Dies gilt übertragen auch für viele andere Ängste, zum Beispiel auch die vor dem Wasser, über die ich weiter oben gesprochen habe. Auch gilt es nicht nur für Kinder, sondern im Prinzip ebenso für Erwachsene.

Die wichtigsten Stichworte dazu heißen:

- beruhigen und entspannen;
- schrittweise Annäherung;
- veränderte Einstellung.

Am schlimmsten ist die Angst, wenn man dem Verursachenden plötzlich und unvorbereitet begegnet und ihm nicht ausweichen kann.

Soll ein Kind lernen, sich so einem Angstmacher zu nähern, muß es ganz ruhig und gelassen sein. Dazu hilft, wenn Sie es schützend auf den Arm oder an die Hand nehmen, es leise und beruhigend streicheln, freundlich und ohne Hektik mit ihm reden. Auch ein Stück Schokolade im Mund wirkt bei kleinen Kindern sehr beruhigend.

Dann sollten Sie sich nur so weit nähern, bis Sie merken, daß das Kind zusammenzuckt, sich verkrampft oder seine Hand zurückzieht.

Machen Sie an dieser Stelle Schluß und beruhigen Sie das Kind wieder, und beim nächsten Mal können Sie vielleicht schon etwas weiter gehen - aber nie so weit, daß das Kind wieder richtig Angst bekommt. Denn es soll die Erfahrung machen, daß es sich dem Tier nähern kann, ohne Angst zu haben. Dadurch läßt die Angst nach.

Wenn Sie sich nicht in dieser Weise einschalten, kann eine andere Serie von Lernschritten ablaufen, die die Angst immer mehr festigt.

Das Kind hat vor einem Tier Angst. Es rennt vor ihm davon. Sobald es weit genug weg ist, läßt die Angst nach. Das ist eine sehr angenehme Erfahrung. Deshalb wird das Kind beim nächsten Mal, sobald es das Tier sieht, wieder davonrennen. Es hat gar keine Möglichkeit, bessere Erfahrungen mit dem Tier zu machen, weil es immer gleich wegrennt.

Reden Sie mit dem Kind auch viel über Dinge, die ihm das gefürchtete Tier vertrauter machen, vielleicht eine veränderte Einstellung zu ihm bewirken können. Zeigen Sie ihm zum Beispiel aus sicherer Entfernung, wie lustig Hunde miteinander spielen. Erklären Sie ihm, daß Schwanzwedeln Freundlichkeit anzeigt, oder woran man erkennt, daß ein Tier noch sehr jung und verspielt ist.

Vielleicht denken Sie ja sogar daran, ein eigenes Tier anzuschaffen, damit das Kind den angstfreien Umgang damit lernen kann. Auch wenn es Ihnen zusieht, wie Sie mit dem Tier umgehen, wird das seine Angst mindern.

Rollenspiele gegen Angst

Manchmal hilft es auch, wenn das Kind im *Rollenspiel* selbst das Verhalten des ängstigenden Tieres nachahmt. Es wird vielleicht längere Zeit immer wieder „Hund" spielen - unter dem Tisch sitzen, bellen, andere erschrecken, vielleicht gar unter dem Tisch gefüttert werden wollen.

Lassen Sie sich auf solche Spiele ein. Vielleicht übernehmen Sie auch gelegentlich die Rolle des Geängstigten - versuchen dem „Hund" klarzumachen, was an seinem Verhalten Angst macht. Dann kann Ihnen der „Hund" Ratschläge geben, wie Sie sich am besten verhalten sollen.

So kann das Kind auf einem Umweg seine Einstellung zu dem Tier verändern.

Solche Rollenspiele können übrigens auch in anderen Situationen helfen, einem Kind etwas klarzumachen, das theoretischen Diskussionen noch schwer zugänglich ist.

Angst vor dem Arzt

Viele Kinder haben Angst vor dem Arzt - berechtigt, denn Arztbesuche sind selten angenehm. Trotzdem sind sie oft nicht vermeidbar, auch Impfungen oder andere schmerzhafte Eingriffe nicht. Aber eine gute Vorbereitung hilft dem Kind, damit fertigzuwerden. Spielen Sie ihm mit Kasperpuppen vor, was geschehen muß und wozu es notwendig ist. Ermuntern Sie es, selbst Arzt oder Ärztin zu spielen und seine Teddys und Puppen zu behandeln. Fragen Sie als Mutter der kleinen Kranken diese „Ärztin", warum denn die Impfung so wichtig sei. Wenn die „Ärztin" es den Puppen erklärt hat, hat es auch die Tochter verstanden. Machen Sie als „Mutter" der „Ärztin" auch klar, daß Sie die Ängste Ihrer Puppenkinder verstehen können, aber ihnen auch zutrauen, damit fertigzuwerden.

Dies ist eine Möglichkeit, mit Kindern (auf Umwegen) über ihre Ängste zu sprechen. Das heißt nicht, daß Sie immer in dieser Weise in kindliche Rollenspiele eingreifen sollen. Auch wenn das Kind ganz unbeeinflußt spielt oder auch malt oder Geschichten erfindet, lernt es dabei, mit seiner Angst umzugehen. Es findet dabei vielleicht eigene Wege, auf die Sie gar nicht gekommen wären.

Kinder ermutigen

Kinder – Jungen wie Mädchen! – sollten immer ermutigt werden, ihre Ängste auszudrücken, über sie zu reden. Sie dürfen niemals dafür ausgelacht oder gescholten werden.

Der beste Schutz vor Ängsten ist ein solides Selbstbewußtsein. Es entsteht auf der Basis der Erfahrung, daß die Erwachsenen immer zuverlässig den notwendigen Schutz bieten, ihr Kind liebhaben , so wie es ist. Daß sie ihm aber auch zutrauen, selbst mit kritischen Situationen fertigzuwerden.

Es liegt vielleicht nahe, ein ängstliches Kind vor schwierigen Situationen, zum Beispiel vor einem Arztbesuch, im unklaren zu lassen oder ihm falsche Versprechungen zu machen, zum Beispiel, daß ihm nicht wehgetan wird, damit das Kind sich nicht zu sehr aufregt. Aber das ist sehr kurzsichtig. Denn es untergräbt im Kind das Vertrauen, daß es sich auf seine Eltern verlassen kann, nährt nur zusätzlich Mißtrauen und Ängstlichkeit.

Ihm ehrlich zu sagen, daß es zwar etwas wird aushalten müssen, daß man es dabei aber ganz festhalten wird, um ihm zu helfen, löst vielleicht nervendes Protestgeschrei aus, zeigt ihm aber auch, daß die Eltern zuverlässig sind und ihm etwas zutrauen.

Eltern, die viel Lob und Anerkennung äußern, ermutigen ihr Kind. Eltern, die viel tadeln oder strafen, betonen damit das Negative, heben das Mißlungene hervor und torpedieren damit das Selbstbewußtsein des Kindes.

Verborgene Ängste

Manchmal tragen Kinder auch verborgene Ängste mit sich herum, die sie selbst nicht klar erkennen und deshalb auch nicht mitteilen können. Aber sie fallen auf durch Mangel an Unternehmungslust, Weinerlichkeit oder kleinkindhaftes Benehmen, vielleicht sind sie aber auch ganz besonders gefügig und „unauffällig“.

Gleichnishafte Äußerungen des Kindes, Zeichnungen, Rollenspiele, Träume können dem Aufmerksamen Aufschluß darüber geben, was mit dem Kind los ist.

Zum Beispiel Martin. Er ist gerade sechs Jahre alt und geht seit wenigen Wochen in die Schule. Seine Mutter erwartet ein Baby. Eines Tages muß sie schnell und unvorbereitet wegen einer drohenden Fehlgeburt ins Krankenhaus. Mutter und Oma haben gerade noch Zeit, den Jungen auf dem Weg aus der Schule abzuholen und während der Autofahrt auf das Bevorstehende vorzubereiten. Er kann die Mutter bis in die Aufnahme begleiten, dann muß sie dableiben, er fährt mit der Oma heim. Die Oma hat in den nächsten Tagen mit dem Haushalt und dem jüngeren Bruder alle Hände voll zu tun. Daß Martin schon zur Schule geht, ist eine Erleichterung.

Als die Mutter nach 14 Tagen nach Hause zurückkommt, findet sie eine Nachricht von der Lehrerin vor, die sie unbedingt sprechen will. Die Lehrerin ist beunruhigt. Martin erschien ihr in den letzten zwei Wochen wie verwandelt – er saß mit ausdruckslosem Gesicht auf seinem Platz, nahm keinerlei Anteil, einmal, als sie ihn direkt ansprach, legte er den Kopf auf den Tisch und begann zu weinen.

Die Mutter erklärt den Sachverhalt. Am nächsten Tag findet sie im Kinderzimmer eine Serie skizzierter Zeichnungen von Martin. Ein Krankenauto hat er gezeichnet, einen Menschen auf einer Bahre, ein Krankenhaus, einen langen Flur mit vielen numerierten Zimmern, in eines davon wird der Mensch auf der Bahre getragen. Dann ist da noch eine Schwester, die mit dem Menschen etwas tut, als nächstes ein kleiner Mensch auf einem Bett in einem Raum – das alles ganz verloren auf einem großen weißen Blatt Papier. Dann zwei Träger, die den Menschen aus dem Haus hinaustragen, und zum Schluß – ein Grab.

Die Mutter spricht mit Martin über seine Bilder. Er sagt, er habe die Ermordung eines Politikers gezeichnet, über die vor einigen Wochen in den Nachrichten berichtet wurde – wirklich nur die??

Ein paar Wochen später zeichnet er noch einmal eine Bildergeschichte zum Thema Krankenhaus. Sie unterscheidet sich von der ersten durch ein wesentliches Merkmal. Auf dem letzten Bild geht das Menschlein auf seinen eigenen Beinen aus dem Krankenhaus davon.

Angst als Signal für Familienprobleme

Bis hierher haben wir nur darüber gesprochen, wie Eltern ihren Kindern bei der Bewältigung ihrer Ängste helfen können. Wir haben dabei noch nicht berücksichtigt, daß die Ängste eines Kindes ihre Ursachen auch in Problemen anderer Menschen in seiner Umgebung haben können und sich deshalb auch nicht werden beseitigen lassen, ohne daß man diese Probleme löst. Am Beispiel von Davids Angst beim Einschlafen im Kapitel „Das Problem hat die ganze Familie“ habe ich einen solchen Zusammenhang zu zeigen versucht.

Ich will noch einige weitere Beispiele skizzieren:

Die Eltern streiten viel und erwägen, sich zu trennen. Sie sprechen aber mit den Kindern nicht darüber. Die Tochter weint seitdem abends wieder, wenn die Eltern weggehen wollen, will nicht einschlafen, wenn einer noch weg ist, kommt mehrmals in der Nacht nachsehen, ob beide da sind.

Der Vater, früher selbst ängstlich und dafür ausgelacht oder bestraft, reagiert allergisch auf ängstliche Äußerungen seines Sohnes. Durch seinen Mutkult erreicht er, daß der Junge erst recht Angst hat.

Die Eltern haben ständig Angst vor Einbrechern. Mit übertriebenen Maßnahmen versuchen sie das Haus und seine Bewohner zu sichern. Sie leben mißtrauisch wie in einer Festung. Es ist kein Wunder, daß die Kinder auch Angst vor Einbrechern haben.

Die Mutter hat unentwegt Angst, ihrer Tochter könnte etwas zustoßen. Sie behütet sie auf Schritt und Tritt. Ihr ständiges „Paß auf, du fällst!“ führt dazu, daß die Tochter selbst bei vielen Unternehmungen Angst hat, sich verkrampft und unsicher bewegt. Dadurch fällt sie wirklich häufiger als andere und hat in Zukunft noch mehr Angst davor.

Die Fünfjährige, körperlich groß und robust, soll ihren kleinen Bruder immer beschützen. Sie versucht das auch, denn sie liebt ihn sehr. Dabei hat sie in vielen Situationen selbst Angst, vor allem im Umgang mit anderen Kindern. Das verleidet ihr die Lust, in den Kindergarten zu gehen. Oft jammert sie morgens und hat Bauchschmerzen.

Viele Kinderängste vergehen ganz von selbst. Sie sind entwicklungsbedingt und hören auf, wenn dem Kind neue Fähigkeiten zuwachsen. Erweist sich eine Angst als sehr hartnäckig, ist es wichtig, auch solchen Verzahnungen mit dem Verhalten anderer in seiner Umgebung nachzugehen.

Klagen Kinder oft über Bauchschmerzen, Kopfschmerzen, bekommen sie in bestimmten Situationen leicht Durchfall oder Angina oder machen nachts wieder ins Bett, schrecken sie nachts aus dem Schlaf oder wirken tagsüber interesselos und wehleidig, sollte immer auch an verborgene Ängste gedacht werden.

Wenn Sie selbst nicht dahinterkommen, was los ist oder nicht wissen, wie Sie sich am besten verhalten, lassen Sie sich von einer Beratungsstelle helfen.

Die große Wut

Es beginnt mit dem „nein“ sagen

Eines der ersten gesprochenen Worte vieler Kinder, zumindest aber das über längere Zeit am häufigsten gebrauchte, ist „nein“. Und da wir Erwachsenen nicht immer bereit oder in der Lage sind, dieses Veto zu berücksichtigen, ist das der Anfang zahlreicher, mehr oder weniger heftiger wütender Auseinandersetzungen.

Das Kind hat einen „Bock“

Das Kind kommt ins Trotzalter. Es „hat einen Bock“ - gelegentlich, häufig, mehrmals täglich. Es schreit laut und schrill, wirft sich auf den Boden, schlägt mit Händen und Füßen um sich, gerät völlig außer sich, ist durch gutes Zureden nicht mehr erreichbar.

Versuchen wir zunächst einmal zu verstehen, warum viele kleine Kinder häufig solche Trotzanfälle bekommen: Sie sind nicht mehr so klein, daß sie einen Wunsch oder eine Absicht sofort wieder vergessen, wenn man sie für einen Moment ablenkt. Sie wissen, was sie wollen! Sie merken auch, daß sie mit ihren Wünschen oft auf den Widerstand der Erwachsenen stoßen, aber sie sind zu klein, um zu begreifen, warum ihnen die Großen immer wieder Dinge verwehren wollen, die nun eben mal Spaß machen! Und da geraten sie dann leicht in maßlose Wut, weil sie merken, wie hilflos sie selbst sind und wie mächtig die anderen. Die Großen sind viel stärker - sie können ihnen einfach wegnehmen, was sie festhalten wollen, ja sie können sie selbst einfach hochnehmen und wegtragen. Sie können alle Türen aufmachen, an alles heranlangen, mit allem umgehen. Könnten kleine Kinder schon besser sprechen, würden sie sich erklären können, sich beklagen oder auch schimpfen. So aber können sie nur brüllen!

Trotzanfälle vermeiden

Und was kann man tun? Sobald der Sturm erst einmal losgebrochen ist, eigentlich nichts mehr als warten, daß er wieder aufhört, das Kind wieder ansprechbar ist. Aber wenn Sie erst einmal Erfahrung darin haben, woran sich die hilflose Wut Ihres Kindes besonders leicht entzündet, können Sie versuchen, möglichst viele dieser „Betriebsunfälle“ von vornherein zu vermeiden.

Da hat sich eine Zweijährige gerade Mutters Strickzeug zum Spielen gesucht, ist emsig und interessiert bei der Sache. Die Mutter kommt dazu und nimmt es ihr schnell weg. Die Tochter beginnt laut zu schreien und schlägt auf sie ein.

Hätte die Mutter in diesem Moment nicht nur an fallende Maschen und gefährliche spitze Nadeln gedacht, hätte sie die Situa-

tion vielleicht retten können. Ein paar freundliche Worte, ein kurzes Spiel mit dem Knäuel, ein Ball als Ersatz hätten dem Kind den Verzicht erleichtert, ihm das Gefühl der Ohnmacht erspart.

In dieser Weise Verständnis für die Bedürfnisse und die Situation des Kindes zu zeigen, heißt nicht, ihm in allem nachzugeben. Das ist nicht möglich. Aber oft lassen sich zwischen dem, was das Kind, und dem, was die Eltern wollen, vertretbare Kompromisse finden.

Aber ich will beileibe nicht behaupten, daß jeder nicht verhinderte Trotzanfall ein Indiz für die Unfähigkeit der Eltern ist. Nicht immer haben wir die Geduld, die Gelassenheit, in dieser Weise auf ein Kind einzugehen, besonders, wenn es sehr leicht einen Bock hat. Dann müssen wir da eben durch, möglichst ohne uns selbst dabei aufzuregen oder wütend zu werden.

Ruhig bleiben!

Vielleicht hilft es, wenn wir uns klarmachen: Es ist das Recht des Kindes, gegen eine Maßnahme von uns Protest anzumelden. Freilich ist es auch unser Recht, trotzdem bei unserer Meinung zu bleiben, wenn wir das auch nach redlicher Prüfung des kindlichen Standpunktes für richtig halten.

Daß der Protest des Kindes so überschießende Formen annimmt, müssen wir seiner Unreife zuschreiben. Es kann nichts dafür. Es ist durchaus berechtigt, von einem *Trotzanfall* zu sprechen - das Kind wird von seiner Wut regelrecht überfallen, ohne sie steuern zu können. Es kann zum Beispiel so außer sich geraten, daß es ein Spielzeug selbst zerschlägt, um dessen Besitz es eben noch mit dem Trotzen angefangen hat. Das Kind fühlt sich dabei selbst nicht wohl. Deshalb wäre es völlig ungerecht, es für seine Heftigkeit zu schelten oder zu strafen. Es empfindet dann nur umso stärker seine eigene Hilflosigkeit und Ohnmacht, wird nur noch unglücklicher und schreit umso länger. Am schnellsten kann es die Fassung zurückgewinnen, wenn wir es in Ruhe lassen.

Klingt der Trotzanfall dann ab, sind viele Kinder besonders anhänglich und zärtlichkeitsbedürftig. Sie haben wohl das Gefühl, das liebevolle Einvernehmen mit Vater oder Mutter könnte einen Riß bekommen haben, möchten sich versichern, daß alles wieder gut ist. Bitte nutzen Sie das nicht aus, um dem Kind Versprechen fürs nächste Mal abzunehmen, die es doch nicht einhalten kann. Nehmen Sie es in den Arm - einfach so!

Der „Bock“ in der U-Bahn

Ruhig und gelassen zu bleiben ist besonders schwer, wenn das Kind seine Wut in der Öffentlichkeit kriegt - in der U-Bahn oder auf dem Postamt. Die armen Eltern fühlen dann die kritischen Blicke aller Umstehenden auf sich gerichtet, fühlen sich gedrängt, etwas zu tun; aber was sie auch tun, es ist sicher falsch. Verlieren sie die Nerven und schnauzen das Kind an, geben ihm gar einen Klaps, brüllt das nur um so lauter, und sie haben kurz darauf ein

Lizzy
TSCHOBI
REFORMHAUS
WOO
Du kannst einen Soja-Bratling haben!!
Eis!!
Ja! SOJA
Reiten!!
50 PFG
Das ist der Bäcker! Da kaufen wir jetzt ein Vollkornbrot! Nur Brot! Capito!
Soja Bratling
Klebe-Kuchen !!!
Ich kenne das Kind nicht, ... ich kenne das Kind nicht.
Oooh!
Mama!
Nein, wir kaufen jetzt keine Gummibärchen – da ist Farbstoff drin.
Hier! Hmm!
Das Kind ißt ein Schokoladenei!
Dann räumen Sie doch gefälligst Ihre Eier da hin, wo Kinder nicht dran kommen..
Weißer Kittel
Ich räume meine Eier da ein, wo ich will...

schlechtes Gewissen. Geben sie jetzt nach, ist es vielleicht schneller ruhig, aber die Wahrscheinlichkeit, daß es nächstens erst recht versucht, seinen Willen mit Geschrei durchzusetzen, wird um so größer.

Kinder, die häufig diese Erfahrung machen, lernen mit der Zeit, den Bock bewußt einzusetzen und behalten dieses Verhalten dann auch besonders lange bei. Kann ein Kind, nachdem Sie ihm seinen Willen gelassen haben, schlagartig mit dem Schreien aufhören, können Sie ziemlich sicher sein, daß es diese Konsequenz bereits gezogen hat.

Ich wünsche Ihnen allen die Selbstsicherheit, in einer solchen Situation das Vernünftigste, nämlich nichts zu tun, freundlich aber fest bei Ihrer Entscheidung zu bleiben und zu warten, daß das Kind mit dem Brüllen aufhört. Kinder haben keinen Knopf zum Abschalten, und mancher Lärm ist eben unvermeidlich. Ich bitte aber auch alle, die andere Mütter oder Väter in einer solchen Situation beobachten, ihnen durch einen verständnisvollen Blick, ein freundliches Wort dabei zu helfen, die Ruhe zu bewahren. (Aber bitte, geben Sie ihnen keine guten Ratschläge!)

Ohne Trotz kein eigener Wille?

Manchmal hört man die Meinung vertreten, das Trotzalter sei unabdingbar notwendig, damit das Kind einen eigenen Willen entwickeln könne. Das stimmt nur unter gewissen Bedingungen. Ein Kind, das für seine Trotzanfälle bestraft wird, dem man „den Bock austreibt“, lernt daraus mit der Zeit folgendes: Es hat wenig Zweck, seine Absicht gegen den Widerstand Mächtigerer durchsetzen zu wollen. Wenn man das versucht, hat man nur Schaden! Wenn man etwas tun soll, was man nicht will oder nicht versteht, soll man sich lieber fügen und den Mund halten.

Das mag in der Kindheit für die Eltern angenehm sein. Ein Erwachsener mit dieser Haltung ist ein guter Untertan mit allen bösen Konsequenzen!

Andererseits wird ein Kind, das eher ruhig und nicht sonderlich temperamentvoll ist, zudem vielleicht sehr früh und gut sprechen kann, dessen Eltern mit besonderem Geschick kritische Konfrontationen vermeiden, womöglich selten oder nie einen richtigen „Bock“ haben und kann doch ein durchsetzungsfähiger Mensch werden, der weiß, was er will.

Trotzanfälle bekommen Kinder fast nur gegen Erwachsene oder wesentlich Ältere, denn sie sind das Aufbegehren des Zwerges gegen die Riesen. Bei den meisten hören sie auch auf, wenn sie etwa drei Jahre alt sind, besser sprechen und sich erklären können, sich nicht mehr ganz so hilflos fühlen. Das Trotzalter ist also eine vorübergehende Erscheinung.

Woher kommt die Wut?

Es gibt aber auch Kinder, die grundsätzlich und in jedem Alter sehr leicht in Wut geraten, toben, schimpfen, Gegenstände kaputtmachen oder auf andere einschlagen. Oder die in eine blinde, hilflose Wut geraten, die sie eher zum Gespött anderer Kinder macht.

Den Jungen angeboren?

In der großen Mehrzahl sind es Jungen, die so reagieren, viel seltener Mädchen. Das bedeutet noch nicht, daß die Natur ihnen dies so unterschiedlich mitgegeben hat. Sie können das unterschiedliche Verhalten auch gelernt haben. Denn buchstäblich von Geburt an wird mit kleinen Mädchen anders umgegangen als mit kleinen Jungen, auch wenn den Erwachsenen das oft nicht bewußt ist. Mädchen werden viel eher zu sozial angepaßtem Verhalten, zu Verantwortung und Mitgefühl erzogen, Jungen eher zu ausgreifender Aktivität. Jungen wird auch aggressive Durchsetzung eher nachgesehen als Mädchen, ja oft wird sie geradezu von ihnen erwartet. Ein Junge, der sich nicht wehrt, ist speziell für viele Väter eine schwer erträgliche Herausforderung.

Wie aber kommt es, daß manche Kinder besonders zum Jähzorn neigen, andere überhaupt nicht?

Ein Stück weit mag das Temperamentssache sein. Ein Kind, das sich leicht aufregt, mag auch leichter wütend werden, als ein kleiner Phlegmatiker, den so leicht nichts aus der Ruhe bringt.

Geerbt?

Aber die Tatsache, daß ein jähzorniges Kind einen jähzornigen Vater hat, ist noch lange kein Grund, zu glauben, dann habe das Kind das vom Vater geerbt. Vererbt werden niemals bestimmte Verhaltensweisen, sondern höchstens allgemeine Tendenzen, wie eben die, leicht erregbar oder eher phlegmatisch zu sein.

Der Sohn eines jähzornigen Vaters aber erlebt an einem sehr eindrucksvollen Modell in sehr vielen Fällen, wie jemand sich mit solchen Wutausbrüchen durchsetzt. Sein Vater ist für ihn das erste Vorbild dafür, wie ein Mann sein sollte. Oft genug wird er auch selbst Leidtragender dieser Ausbrüche sein und lernen, auch lieber zu brüllen, statt ängstlich zu weinen. So erbt nicht, sondern lernt der Sohn von seinem jähzornigen Vater.

Probleme mit der Umwelt

Recht oft aber neigen auch Kinder zu häufigen Wutausbrüchen, die dafür kein Modell in ihrer unmittelbaren Umgebung haben. Nach meiner Erfahrung sind das oft Kinder mit einem sehr leicht störbaren Selbstwertgefühl - Kinder, die selbst bei Kleinigkeiten immer gleich glauben, ein anderer wolle ihnen etwas tun, etwas wegnehmen, etwas vorenthalten. Solche Kinder haben oft ständig Angst, in einem Konkurrenzkampf zu unterliegen, nicht ausreichend zu bekommen, was sie dringend brauchen.

Sascha, vier Jahre alt, ist ein Pflegekind. Seine Eltern bekamen ihn mit drei Jahren aus einem Heim. Dort hatte er gelebt, weil seine sehr junge, unter schwierigsten Umständen lebende leibliche Mutter ihn nicht regelmäßig versorgte. Gelegentlich besuchte sie ihn, überhäufte ihn mit Zärtlichkeit, versprach, bald wiederzukommen und ihn zu holen, aber dann wartete Sascha meist vergeblich.

Bei den Pflegeeltern war Sascha sehr anhänglich, schien ständig Angst zu haben, wieder verlassen zu werden. Er blieb nie allein, wollte ständig im Arm gehalten werden, nachts nicht im eigenen Bett schlafen. Die Eltern verstanden das und hielten es durch. Sascha wurde ruhiger, eigenständiger.

Jetzt ist Sascha vier und geht seit einigen Monaten in eine Kindergruppe. Aber da ist er sehr schwer zu ertragen. Zufrieden ist er nur, wenn er bei der Erzieherin auf dem Schoß sitzen kann. Unentwegt liegt er mit den anderen Kindern im Streit, schreit dann, tobt und wütet. Es hat ihm jemand etwas weggenommen, hat ihn geschubst, beschimpft, beim Spielen was falsch gemacht. Die Pflegeeltern sehen, wie leicht das anscheinend schon erreichte seelische Gleichgewicht des Jungen wieder störbar ist – unter den anderen Kindern hat er noch immer Angst, zu kurz zu kommen.

Ein anderes Beispiel für Wutausbrüche, die aus der Angst entstehen, zu kurz zu kommen, ist Marco, über den ich im ersten Kapitel geschrieben habe.

Streß

Auch fehlende Anerkennung, ständige Angespanntheit durch das Gefühl, überfordert zu werden, kann Kinder jähzornig machen. Nicht nur Kinder! Stellen Sie sich vor, Sie fühlen sich in Ihrem Beruf seit Monaten ständig überfordert. Ständig müssen Sie mehr liegenlassen, als vertretbar ist, die Berge wachsen Ihnen über den Kopf, Sie kommen einfach nicht mehr nach. Da kommt eine Kollegin und fragt Sie, ob Sie nicht zwischendurch, „wenn mal etwas Zeit übrig ist“, etwas Zusätzliches für sie erledigen könnten. Ist es nicht vorstellbar, daß Sie dann furchtbar ausrasten, ihr Ihre ganze Wut vor die Füße werfen, Dinge sagen, die Sie eigentlich nicht sagen wollten?

In diesem Sinne unter Streß fühlen sich auch Kinder, die aus unterschiedlichen Gründen das Gefühl haben, ihren Eltern so, wie sie sind, nicht recht zu sein, die ständig etwas erreichen wollen, was sie nicht erreichen können:

- das Ungeschickte, dem alles danebengerät;
- das Ängstliche, das stark und mutig sein soll;
- das Langsame, das ständig zur Eile gemahnt wird.

Auch besondere Ereignisse – wie die Geburt eines Geschwisters, ein Umzug, Eingewöhnung in den Kindergarten – können ein Kind unter Streß setzen, auf den es dann mit gehäuften Wutanfällen reagiert.

Eine Krankheit?

Aber manche Eltern stehen völlig ratlos vor den Wutausbrüchen ihrer Kinder, finden keinerlei Erklärung für deren Verhalten. Da liegt es nahe, an eine geheimnisvolle Krankheit zu denken, für die nichts und niemand in der Umwelt etwas kann. Und die Wissenschaft vermutet und prüft auch hin und wieder mögliche Zusammenhänge dieser Art.

Phosphatallergie?

So glaubt man zum Beispiel festgestellt zu haben, daß Kinder, die gegen Phosphatzusätze in Lebensmitteln allergisch sind, darauf mit unkonzentrierter Aktivität und aggressiven Ausbrüchen reagieren. Eltern, die diesen Verdacht bei ihren Kindern hatten und mit Hilfe eines Arztes die Ernährung auf eine phosphatarme Diät umstellten, vermerkten schon nach wenigen Wochen ein Nachlassen der Hektik und Aggressivität. Ernährten sie das Kind wie vorher, stieg beides auch wieder an.

Aber das wird doch nur für einen sehr geringen Prozentsatz aller jähzorniger Kinder zutreffen. Bei anderen zeigt eine solche Diät vielleicht vorübergehend aus eher psychologischen Gründen Erfolge, ist sie aber erst Alltag geworden oder beginnt wegen der vielen Einschränkungen lästig zu werden, kehrt der alte Zustand zurück. Die Enttäuschung ist dann leicht um so größer.

Es ist nur recht verführerisch, eine so einleuchtende Erklärung und entsprechend einfache Behandlungsmethode zu finden. Es ist aber auch gefährlich. Es verbaut den Blick für kompliziertere Zusammenhänge. Es sieht und behandelt das Kind unabhängig von seiner Umwelt und läßt uns das Heil in Medikamenten oder Diäten suchen.

MCD?

Besonders deutlich wird das noch an einer anderen körperlichen Ursache, die manchmal für unkontrollierte Wutausbrüche von Kindern verantwortlich gemacht wird, der MCD, der **M**inimalen **C**erebralen **D**ysfunktion. Ins Alltagsdeutsch übersetzt bedeutet das, daß im zentralen Nervensystem des Kindes bestimmte Kleinigkeiten nicht so funktionieren, wie sie eigentlich sollten. Oft fallen solche Kinder durch bestimmte körperliche Ungeschicklichkeiten auf, bestimmte Bewegungsabläufe, die unsicher oder gestört sind.

Nun muß man dazu wissen, daß es in fast jedem Gehirn aus den verschiedensten Gründen Kleinigkeiten gibt, die nicht optimal ablaufen. Nur fallen sie bei den meisten Leuten nicht auf, gehen als persönliche Eigenheiten durch, der Betroffene lernt, sie durch Geschicklichkeiten anderer Art auszugleichen. Erst wenn die Störungen ein auffälliges Maß annehmen oder wenn gezielt nach ihnen gesucht wird, werden sie diagnostiziert.

Aber es läßt sich nicht nachweisen, daß zum Beispiel auch gehäufte Wutanfälle direkt ursächlich mit dieser Störung zusammenhängen. Eher liegt die Annahme nahe, daß ein solches Kind sich häufig durch alltägliche Erwartungen überfordert oder durch ständige Mißerfolge gekränkt fühlt, so daß es in dem Sinne, wie ich es weiter oben beschrieben habe, ständig unter Streß leidet. Und dieser Streß kann eben auch wütend machen.

Lesen Sie zu den Stichworten Nahrungsmittelallergien und MCD auch noch das Kapitel „Die Geschichte vom Zappelphilipp“, weil auch die hektische Betriebsamkeit mancher Kinder häufiger damit in Verbindung gebracht wird.

Aggression - ein Trieb?

Es wird nach wie vor darum gestritten, ob nicht Aggression ein angeborener Trieb sei wie der Sexualtrieb oder das Bedürfnis, zu essen. Aber die typischen Merkmale des Triebverhaltens - langsam ansteigende Spannung, dann Entladung mit nachfolgender Ruhephase - sind bei der Aggression nicht nachweisbar. Zum Beispiel sind Kinder, die sich gerade gehauen haben, hinterher nicht etwa friedfertiger. Im Gegenteil - solche Ausbrüche treten oft in Serien auf.

„Katharsis" gibt es nicht

Die Vertreter dieses Triebmodells meinten auch, wenn man Menschen Gelegenheit gebe, in ungefährlichen Situationen, zum Beispiel in Rollenspielen, bei Sportwettkämpfen, ihre Aggressionen herauszulassen, habe das einen reinigenden Effekt, den Effekt der „Katharsis", der hinterher aggressive Ausbrüche weniger wahrscheinlich mache. Der „Erfinder" dieses Begriffs, Aristoteles, bezog ihn auf die vermutete Wirkung der klassischen griechischen Tragödien. Er meinte, wenn die Zuschauer die heftigen Gefühlsausbrüche auf der Bühne miterlebten, werde ihre eigene Seele von diesen starken Affekten gereinigt.

Das führte Vertreter des Triebmodells der Aggression zu der Annahme, wenn Kinder aggressiven Handlungen in der Realität oder im Film zusähen, habe auch das eine läuternde Wirkung. Aber schon die Alltagserfahrung lehrt uns, daß das nicht stimmt. Vielmehr ist genau das Gegenteil belegbar. So haben zahlreiche Untersuchungen in den sechziger Jahren ergeben, daß das Miterleben des aggressiven Verhaltens anderer bei Kindern die Neigung zu eigenem aggressivem Verhalten nicht etwa reduziert, sondern steigert.

Nur ein Beispiel: Die Amerikaner Bandura, Ross und Ross haben 1963 drei Gruppen drei- bis fünfjähriger Kinder bestimmte aggressive Verhaltensweisen vorgeführt - der einen Gruppe unmittelbar durch Erwachsene, der zweiten durch Erwachsene in einem Fernsehfilm, der dritten durch Tierfiguren in einem Trickfilm. Die Kinder aller drei Gruppen zeigten beim Spielen nach dieser Vorführung doppelt so viele Aggressionen wie die Kinder einer Kontrollgruppe, der man keine Aggressionen vorgeführt hatte. Die Kinder ahmten nicht nur das Verhalten nach, das sie gesehen hatten, sondern zeigten auch verstärkt andere, nicht beobachtete aggressive Verhaltensweisen.

Es ist auch eine falsche Vorstellung, daß in jedem Menschen eine bestimmte Menge Aggression steckt, die, wenn man sie an einer Stelle nicht herausläßt, sich an einer anderen Luft macht. Mit dieser Vorstellung haben sich Generationen von Eltern getröstet, deren Kinder zu Hause wüteten und tobten. „Sollen sie es lieber zu Hause machen, da können sie es in der Schule eher lassen."

Dabei hat beides wenig miteinander zu tun. Gewiß kann ein

Kind in der einen Gemeinschaft durchaus angepaßt, in der anderen unter anderen Bedingungen aber wütend und aufsässig reagieren. Ohne Schaden zu nehmen, kann es aber auch lernen, zu Hause *und* in der Schule mehr sozial erwünschtes Verhalten zu zeigen.

Andererseits lehrt uns die Erfahrung, daß oft Kinder, die zu Hause streng gehalten, für aggressives Verhalten bestraft werden, in der Schule, besonders bei nachsichtigen, nicht strafenden Lehrern durch besondere Aggressivität auffallen.

Aber Strafen bewirken eben selten Einsicht. Ein solches Kind lernt nur, daß andere unter Druck zu setzen eine gute Methode ist, sobald man die Macht hat. Zu Hause ist es machtlos. Unter vielen Kindern gegenüber einem nachsichtigen Lehrer aber versucht es selbst, Macht zu erlangen und Druck auszuüben.

Von einem Modell einer festen Menge an Aggression geht auch aus, wer behauptet, ein Mensch müsse seine Aggression ausleben, sonst richte sie sich gegen ihn selbst.

Wenn diese Behauptung richtig wäre, müßten Menschen, die wegen aggressiver Handlungen gegen andere im Gefängnis sitzen, besonders wenig geneigt sein, sich selbst zu verletzen oder gar zu töten. Dabei ist gerade unter diesen Menschen die Zahl der Selbstverletzungen und Selbstmorde besonders hoch.

Herbert Selg stellte 1968 in einer Fragebogenuntersuchung fest, daß bei Straftätern sowohl die Werte für Aggressionen gegen Fremde als auch die für Selbstaggressionen über denen vergleichbarer männlicher Erwachsener lagen.

Bis hierher habe ich zu erklären versucht, welche Ursachen es haben kann, daß manche Kinder – vorübergehend oder dauernd – leichter in Wut geraten, aggressiver sind als andere. Das darf nicht zu dem Trugschluß verleiten, daß Menschen, die all diesen Ursachen nicht ausgesetzt werden, immer harmonisch und friedlich miteinander umgehen. Wo Menschen mit unterschiedlichen Wünschen und Interessen zusammenleben, werden immer auch Wut und Aggression entstehen, mit denen umzugehen sie lernen müssen.

Aggression wird gelernt

In unserer Kultur, die stark von Macht und Konkurrenz geprägt ist, wird aggressive Auseinandersetzung immer eine recht große Rolle spielen. Es ist zwar wünschenswert, aber unrealistisch, Kinder zu aggressionsfreiem Verhalten erziehen zu wollen, so lange wir nicht gleichzeitig die gesellschaftlichen Bedingungen verändern, unter denen wir alle leben.

Wir werden zwar versuchen, im Rahmen des Möglichen Kindern andere Wege der Konfliktlösung zu zeigen als wütendes Dreinschlagen. Andererseits müssen sie aber auch lernen, mit Wut, die nun mal entstanden ist, so umzugehen, daß sie sie zwar ausdrücken können, aber anderen damit möglichst wenig schaden.

Draufhauen ist wirksam

Zunächst einmal wird praktisch jedes kleine Kind versuchen, einen entstehenden Konflikt durch wütendes Zerren oder Draufhauen zu lösen:

- Die Ente, die an der Teppichkante hängengeblieben ist, läßt sich wieder nachziehen, wenn das Kind heftig an der Schnur zerrt.
- Die Schippe, die ein anderes Kind in der Hand hat, läßt sich wiedererlangen, wenn es sie aus der fremden Hand herausreißt. Daß sie festgehalten und nicht hergegeben wird, läßt sich verhindern, wenn es mit der anderen Hand das fremde Kind schubst, daß es umfällt, oder ihm eins auf den Kopf haut.

Diese Kette von Erfahrungen ist einfach unvermeidbar. Das Kind, das diese Methode ein paarmal ausprobiert hat, wird feststellen, daß sie sehr wirksam ist. Und weil sie so wirksam ist, wird es sie dann immer häufiger wiederholen.

Es ist sehr verführerisch, mit Draufhauen, aber auch mit Beißen, Kratzen, an den Haaren reißen Mittel entdeckt zu haben, um jederzeit die eigenen Wünsche gegen andere durchsetzen zu können. Es sind keineswegs schlimme Ausnahmekinder, die darauf verfallen – keine, die man aus einer Gruppe möglichst schnell entfernen muß, um den friedlichen Rest vor ihnen zu schützen. Nahezu jedes Kind kann, zumindest vorübergehend, sein Heil in solchen Methoden suchen, auch ohne daß sich in seiner persönlichen Geschichte verborgene Gründe für besondere Aggressivität finden lassen.

Uli beißt

Uli ist drei und geht in einen Kinderladen. Er ist ein temperamentvolles, fröhliches Kind voller Energie und pfiffiger Ideen. Wenn aber eines nicht so will wie er, ihm in die Quere kommt, ihn ärgert, dann macht er kurzen Prozeß – Uli beißt! Vorwurfsvoll führen die Betroffenen zu Hause die blauroten Spuren von Ulis Zähnen vor.

Der Unmut unter den Eltern wird immer größer. Ulis Eltern fühlen sich an den Pranger gestellt. Angeblich machen sie alles mögliche falsch – unterdrücken das arme Kind oder halten es nicht hinreichend zu sozialem Verhalten an. Aber zu Hause beißt Uli nicht, ist nicht aggressiver als andere Kinder auch.

Die beiden Erzieherinnen beschließen, die Situationen, in denen Uli beißt, besonders zu beobachten und zu notieren. Ihnen fällt auf: Das einzige, was Uli nicht so gut kann wie die anderen, ist reden. Er spricht etwas langsam und schwerfällig, und wenn er aufgeregt ist, verhaspelt er sich. Anscheinend beißt er immer dann, wenn er befürchtet, in einem Konflikt den kürzeren zu ziehen, weil er sich nicht schnell genug erklären kann. Beißen geht schneller!

Die Erzieherinnen besprechen die Situation mit der Gruppe – zu der gehören auch einige, die schon fünf und recht verständig sind.

Alle wollen Uli helfen, sich eher mit Reden durchzusetzen. Sie wollen sich bemühen, ihm ruhig zuzuhören.

Wenn Uli sich jetzt im Streit mit weit offenem Mund einem Kontrahenten nähert, rufen alle, die es sehen: „Nein Uli, nicht beißen, reden!“

Uli ist beeindruckt. Er will ja eigentlich gar keinem weh tun. Immer häufiger klappt er dann den Mund wieder zu, versucht es mit Reden. Und die anderen mögen ihn.

Uli hatte sein aggressives Verhalten gelernt, weil es wirksamer war als anderes. Er konnte es wieder lassen, als er mit Nicht-Beißen, mit Reden, mehr Aufmerksamkeit und mehr Erfolg hatte.

Lieber unangenehm auffallen, als gar nicht

Das Bedürfnis nach Aufmerksamkeit scheint bei vielen Kindern besonders aggressives Verhalten aufrechtzuerhalten. Kinder, die befürchten, im großen Haufen unterzugehen, übersehen zu werden, können sich bei einem Wutausbruch der allgemeinen Aufmerksamkeit sicher sein. Dadurch lernen sie nach dem Motto zu reagieren: Lieber unangenehm auffallen als gar nicht.

Nun gilt zwar allgemein, daß ich ein unerwünschtes Verhalten am besten dadurch zum Verschwinden bringe, daß ich ihm die erwünschte Bestätigung und Aufmerksamkeit entziehe, im Falle von Wut und Aggressivität aber ist das nicht so einfach.

- Ich kann nicht einfach ignorieren, daß ein Kind geschlagen hat, wenn das Opfer weint und Trost braucht.
- Ich kann einen Wüterich nicht links liegen lassen, wenn er in seiner Wut die Einrichtung demoliert.

Ich kann aber versuchen, einem solchen Kind für ein anderes, erwünschteres Verhalten mehr Aufmerksamkeit zukommen zu lassen als für seine Wutausbrüche. Sicher hat es eine besondere Fähigkeit oder eine liebenswerte Eigenheit, mit der ich es auch in der Gruppe hervorheben kann.

Sündenböcke und Prügelknaben

Die Rolle des Wüterichs in einer Kindergruppe ist nicht denkbar ohne die Rolle der anderen - der Angegriffenen und der Beobachter.

Immer wieder werden einzelne Kinder - besonders kräftige, aufbrausende, etwas ältere - in die Rolle des Schlägers geradezu hineinmanövriert. Fällt so ein Kind ein paarmal durch aggressives Verhalten besonders auf, stellen sich die anderen mit ihren Erwartungen darauf ein. Gerät es mit jemandem in lautstarken Konflikt, ist allen gleich klar, wer angefangen hat, wer Schuld hat. Das Kind wird abgestempelt, man traut ihm auch kaum noch etwas anderes zu. Die Ängstlicheren gehen ihm aus dem Wege, es hat immer weniger Chancen, sich auch als umgänglich und freundlich zu erweisen. Schließlich richtet es sich in der Rolle des Sündenbockes ein, nimmt in sein Selbstbild auf, daß es eben eines ist, das immer haut. Wenn es sich von den anderen schlecht behandelt fühlt, dann haut es eben. Dadurch fühlen sich die anderen in ihrem Urteil und in ihren Erwartungen bestätigt - und so weiter!

Wehr dich!

Wie die Gruppe dazu beitragen kann, ein Kind aus dieser Außenseiterrolle wieder herauszuholen, habe ich am Beispiel vom beißenden Uli zu zeigen versucht.

Es wird aber auch darauf ankommen, die Unterlegenen so zu stützen, daß sie sich nicht mehr als Opfer fühlen, daß sie erleben, sie können sich wehren - sich wehren aber nicht unbedingt, indem sie mit gleicher Münze heimzahlen. Manch eines, das körperlichen Auseinandersetzungen abhold ist, kommt mit anderen Techniken viel besser zurecht - es setzt vielleicht Köpfchen gegen Muskeln, rennt lieber davon als sich zu hauen.

Bei Mädchen finden das die meisten in Ordnung - aber bei Jungen?

Es ist immer wieder interessant, wie insbesondere Väter sich in Diskussionen um diesen Punkt winden. Dabei wird recht deutlich, wie fest die Norm vom Mann, der mutig sein muß, noch in unseren Köpfen steckt.

Auf der anderen Seite ist der Satz: „Ein Mädchen haut sich doch nicht!“ keineswegs akzeptabel. Wenn schon gehauen wird, haben Mädchen die Ermutigung, sich mit allen Mitteln zu wehren, nötiger als Jungen. Das ist ausgleichende Gerechtigkeit.

Aber die Aufforderung, zurückzuschlagen, wenn man angegriffen wird, kann auch das Gegenteil dessen erreichen, was die Eltern bezwecken. Ein Kind, das sich nicht schlagen mag, sich den Drohgebärden anderer nicht gewachsen fühlt, erfährt dadurch zusätzlich, daß es den Eltern so, wie es ist, nicht recht ist. Es wird angegriffen und leidet darunter, es soll sich wehren und kann es nicht: Warum soll es da nicht wegrennen, wenn es besonders gut laufen kann? Es sollte ermutigt werden, sich mit *den* Mitteln aus der kritischen Situation herauszuhelfen, die am besten zu ihm passen.

Drei Gründe gegen Strafen

Manche Eltern sind über aggressives Verhalten ihrer Kinder so erzürnt, daß sie glauben, hier müßten sie durch eine drastische Strafe eingreifen. Aber aus verschiedenen Gründen ist das eine ganz unangebrachte Maßnahme.

Der erste Grund: Manches Kind handelt, wie ich es oben beschrieben habe, unbewußt nach der Devise: Lieber unangenehm auffallen, als gar nicht. Fühlt es sich zum Beispiel in der Familie von den Eltern zu wenig beachtet, mag die Strafe, mit der sie es belegen, sein Verhalten eher stützen als verändern. Es richtet sich in der Rolle des Schwarzen Schafes ein.

Der zweite Grund: Ein Vater, der im Zorn seinem Sohn eine runterhaut, weil der die kleine Schwester geschlagen hat, macht ihm genau das Verhalten vor, das er bestraft – er schlägt einen Schwächeren!

Es ist erwiesen, daß Verhalten auch gelernt wird, wenn man es, ohne es selbst ausprobiert zu haben, an anderen beobachtet – besonders, wenn die damit Erfolg haben. So konnte man zeigen, daß Kinder, die in einem Film aggressives Verhalten vorgeführt bekamen, im anschließenden Spiel ihrerseits deutlich aggressiver waren als andere, denen man keine Aggressionen vorgeführt hatte.

Schimpfende, strafende, schlagende Erwachsene sind ihren Kindern Modelle für aggressives Verhalten.

Der dritte Grund: Strafen sind ein ungeeignetes Mittel, das Verhalten eines Menschen nachhaltig zu verändern. Strafen wecken nur selten Einsicht. Sie führen nur dazu, daß der Betroffene aus Vorsicht das Verbotene unterläßt, so lange weitere Bestrafung droht.

Strafe wirkt wie Rizinus bei Husten – man traut sich nur nicht mehr!

Uwe hat seinen Bruder verhauen. Zur Strafe bekam er Stubenarrest. Jetzt sitzt er am Fenster und guckt wütend auf den Spielplatz hinunter, wo sein Bruder mit den anderen Kindern Dreirad fährt. Wieder und wieder kaut er die Gemeinheiten durch, die der Bruder ihm angetan hat, wünscht ihm alles mögliche Unheil an den Hals, sinnt auf Rache. Da bekommt die Mutter einen Anruf, daß sie dringend für eine Stunde weg muß. Da sie Uwe nicht allein in der Wohnung lassen mag, darf er doch noch auf den Spielplatz gehen. Keiner ist da, der aufpaßt. Was meinen Sie - wird Uwe netter zu seinem Bruder sein als vorher?

In Kinderstreit eingreifen?

Immer wieder gibt es unter Erwachsenen Debatten darüber, ob man angesichts heftiger Handgreiflichkeiten unter Kindern eingreifen soll oder nicht.

- „Sie müssen selbst einen Weg finden", sagen die einen;
- „die Aggressivität muß ausgelebt werden", die anderen.

Sicher ist es am besten, wenn Kinder in einer kritischen Situation selbst Wege finden, den Konflikt zu lösen. Was aber, wenn

mindestens der eine die Erkenntnis gewinnt, Draufhauen sei die beste aller Lösungen?

Ein Erwachsener, der der Schlägerei von Kindern unbeteiligt zusieht, wirkt als ein bestätigendes Modell, denn offensichtlich hat er ja nichts gegen die Methode.

Daß es andererseits den Konflikt nicht löst, wenn er eingreift, um den einen als Aggressor zu bestrafen, habe ich eben erläutert.

- Ich finde es am besten, die Kampfhähne zu trennen, ohne für einen Partei zu ergreifen.
- Ich verhindere damit beim Stärkeren die Erfahrung, daß seine Methode Erfolg hat.
- Ich zwinge beide, eine andere Methode der Auseinandersetzung zu suchen.
- Ich kann Vorschläge machen, wenn die Kinder selbst keine Lösung finden.

  Sicher ist eine selbstgefundene Lösung besser als eine von außen nahegelegte, aber eine nahegelegte ist besser als die falsche, nämlich weiterzuhauen!

Nicht den Richter spielen

Erwachsene sollten aber vorsichtig sein, in einen Kinderstreit als Richter einzugreifen. Welches Kind ist schuld:

- dasjenige, das schließlich wütend draufgehauen hat?
- dasjenige, das angefangen hat?
- Was ist schlimmer - kaputtmachen oder hauen?

Sobald Sie schnell und eindeutig Partei ergreifen, wird einer der Streithähne sich ungerecht behandelt fühlen und für eine Verhandlungslösung unzugänglich sein.

Oft fahren Sie am besten, wenn Sie sich aus der Schuldfrage völlig heraushalten.

Lautes Geschrei aus dem Kinderzimmer. Anke und Mareike zerren jede an einem Ende eines großen Lastautos, mit der freien Hand reißt jede die andere an den Haaren.

„Das ist meiner!"

„Ich hatte ihn zuerst!"

„Ich habe gerade dafür eine Garage gebaut!"

„Sie hat ihn mir einfach weggenommen!"

Die Mutter trennt sie, indem sie jede in einen Arm nimmt. Sie macht Vorschläge - „Spielt gemeinsam mit der Garage", „Wechselt Euch ab", aber beide sind bockig und lehnen alles ab. Sie warten nur, daß die Mutter sie losläßt, um gleich wieder aufeinander loszugehen. Da nimmt die Mutter den Lastwagen mit in die Küche. „Wenn Ihr beide gemeinsam kommt und mir sagt, wie es weitergehen soll, gebe ich ihn Euch wieder."

Schämt Euch, Ihr seid doch Geschwister!

Viele Eltern erleben handgreifliche Auseinandersetzungen ihrer Kinder wie eine persönliche Kränkung. Wie können zwei kleine Menschen, die sie beide liebhaben, die sich auch gegenseitig liebhaben sollen, so böse miteinander umgehen!

Sie machen ihnen heftige Vorwürfe - „Schämt Euch, Ihr seid doch Geschwister!"

Ist das nicht eine recht fragwürdige Moral? Sie heißt doch: „Mit Außenstehenden dürft Ihr so umgehen, mit Angehörigen aber nicht!" Dabei entsteht Wut am häufigsten gerade da, wo Menschen sehr dicht miteinander leben. In Kindergruppen entsteht der meiste Streit unter Kindern, die sich mögen, nicht so sehr unter denen, die sich nicht mögen - die gehen sich eher aus dem Wege. Wird nun Kindern in ihrer engsten Umgebung durch solchen Appell an ihr Gewissen verboten, aufeinander wütend zu sein, so lernen sie daraus oft, die Schuld für auftretende Konflikte bei anderen, Außenstehenden zu suchen. Das nährt beim Herangewachsenen eine Haltung, mit der er der eigenen Gruppe kritiklos und um jeden Preis anhängt, aber aggressiv ist gegen Fremde. Die Auswirkungen sind negative Vorurteile und Fremdenfeindlichkeit.

Aber ist es nicht ein Widerspruch, auf der einen Seite Streithähne zu trennen, auf der anderen Seite den moralischen Appell zur Friedfertigkeit zu vermeiden?

Ich möchte auf das Beispiel von Anke und Mareike zurückkommen. Anke und Mareike sind wütend aufeinander. Beide haben gute Gründe dafür.

Wohin mit der Wut?

Die Wut ist da und sollte nicht mit Moral weggeleugnet werden. Aber es gibt verschiedene Möglichkeiten, mit ihr umzugehen. Es sind Grenzen einzuhalten, die auch in der größten Wut nicht überschritten werden dürfen.

Anke und Mareike haben sich geschlagen und an den Haaren gerissen - hier hat die Mutter eine Grenze gesetzt.

Die beiden können sich ihre Anklagen ins Gesicht schreien, sie können sich gegenseitig beschimpfen, sie können wütend aus dem Zimmer laufen und die Tür laut zuknallen.

Wenn die erste Wut verraucht ist, können sie überlegen, wie es weitergehen soll.

Nun wird jede Familie die Grenzen für das, was noch erlaubt sein soll, anders setzen wollen, und das muß auch miteinander besprochen werden. Aber es muß - nicht nur für die Kinder - Möglichkeiten geben, vorhandener Wut Ausdruck zu verleihen.

Ich lebe mit meiner Familie in einem alten, sehr solide gebauten, wenig hellhörigen Haus. Bei uns war es akzeptiert, mit den Türen zu knallen- und es hat ziemlich oft geknallt!

Schimpfwörter

Auch Schimpfen erleichtert. Schimpfwörter verletzen nicht so wie harte Gegenstände.

Jüngere Kinder lieben wohl nach wie vor deftige Worte, die mit den Ausscheidungen zu tun haben, besonders. Und Sie haben bestimmt auch schon laut „Scheiße!“ gesagt, wenn Ihnen mal was gründlich danebengegangen ist.

Manchmal schimpfen Kinder mit Ausdrücken, bei denen uns die Luft wegbleibt, deren Bedeutung sie selbst aber gar nicht begreifen. Erklärt man sie ihnen, werden sie oft uninteressant, weil sie nicht das ausdrücken, was eigentlich gemeint war.

Manchmal ist aber gerade das Erschrecken der Erwachsenen das Reizvolle, das so einen Ausdruck am Leben erhält. Dann tut man besser daran, ihm die Aufmerksamkeit zu entziehen, die er erreichen soll.

Darf man seine Schwester als „blöde Ziege“, seinen Vater als „sturen Bock“ bezeichnen? Die Ansichten darüber mögen verschieden sein. Kritisch finde ich es nur, wenn Erwachsene an das Verhalten von Kindern strengere Maßstäbe anlegen als an das eigene. Wer den „Bock“ nicht hören will, muß sich „Schwein“ oder „Feigling“ verkneifen. Andererseits ist ein rauherer Umgangston nicht unbedingt ein Indiz für weniger zärtliche Gefühle - ebensowenig wie das Gegenteil.

Freilich gibt es auch Schimpfwörter, die sehr verletzen können. Ein Kind mit einem Augenfehler „Schielaugust“ zu schimpfen, ist einfach indiskutabel. Ebenso der „Spasti“ und alle Wörter, die einzelne oder Gruppen von Menschen wegen Schwächen, die sie vermeintlich haben, verunglimpfen.

Streiten lernen

Es läuft alles darauf hinaus, daß man auch das richtige Schimpfen und Streiten lernen muß, daß über die Grenzen des Vertretbaren immer wieder geredet werden muß.

Kinder, die das Streiten nicht in dieser Weise üben dürfen, die durch moralische Appelle immer wieder vom Äußern ihrer Wut abgehalten werden, verlieren, wenn die Wut sie doch einmal übermannt, leicht völlig die Selbstkontrolle, können keinerlei Grenzen mehr einhalten.

Lieber verhindern als ausleben

Wenn wir Kinder auch dahin erziehen, daß Wut, die nun einmal entstanden ist, ausgedrückt werden darf, sollte doch unser vordringliches Ziel sein, Situationen, die wütend machen, so oft es nur irgend geht, zu vermeiden, Kindern andere Möglichkeiten zu zeigen, mit Konflikten umzugehen, andere Lösungen als die wütende Konfrontation.

Die Wut der Erwachsenen

Einen Aspekt haben wir bis hierher fast völlig ausgeklammert, das ist die Wut der Erwachsenen, insbesondere der Eltern, gegen die Kinder.

Denn es ist ja beileibe nicht so, daß nur unsere Kinder wütend werden und wir ruhig und überlegen zu schlichten versuchen. Eltern sind auch Menschen und keine pädagogischen Lehrbücher. Sie sind mit sehr intensiven Gefühlen an allem beteiligt, was die Entwicklung ihrer Kinder betrifft. Deshalb können sie Dinge, die ihnen gegen den Strich gehen, oft nicht gelassen betrachten. Es ist auch durchaus nicht schlimm, wenn Kinder am Wutausbruch von Vater oder Mutter merken, welche sozialen Folgen das Verhalten haben kann, das sie soeben an den Tag gelegt haben.

Freilich muß auch für Eltern gelten, was ich für die Kinder betont habe: Das Äußern von Wut muß geübt werden, damit es die Grenzen des Vertretbaren einhalten kann.

Wer an sich zu hohe Anforderungen stellt, wer von sich verlangt, immer als der große Pädagoge gelassen über den Dingen zu stehen, der riskiert nur, daß die Wut sich „Schleichwege" sucht, oder daß ein Ausbruch, der ihn doch übermannt, über das Vertretbare hinausschießt.

Es liegt auf jeden Fall jenseits des Vertretbaren

- ein kleines Kind anzuschreien, so daß es Angst kriegt;
- ein Kind mit Ausdrücken zu belegen, die sein Selbstwertgefühl angreifen, die es kränken oder herabsetzen;
- einem Kind Strafen anzudrohen, die seine Abhängigkeit von uns ausnutzen, um ihm Angst zu machen - zum Beispiel: „... dann gehe ich weg", oder: „... dann habe ich dich nicht mehr lieb";
- ein Kind zu schlagen - in welcher Form auch immer.

Viele Eltern mögen nicht zugeben, daß das Verhalten ihrer Kinder sie wütend gemacht hat. Sie nennen bei sich pädagogisch begründeten Zorn, was bei den Kindern „Ungezogenheit" heißt.

Ich weiß nur zu gut, wie Kinder an den Nerven ihrer Eltern zerren können, wie sie es oft geradezu darauf anlegen, uns um unsere Beherrschung zu bringen. Da kann es schon eine Erleichterung sein, so einem kleinen Biest eins auf den Hintern zu geben, auch wenn es uns gleich hinterher wieder leid tut. Auch wenn wir das bockige Bündel in sein Bett stopfen, das Licht aus - und die Tür zumachen, obwohl wir wissen, daß es im Dunkeln Angst hat, diktiert unsere Wut, unser Wunsch nach Rache, nicht unsere Einsicht. Die Ausrede, dieser Klaps, diese Strafe sei aus pädagogischen Gründen notwendig gewesen, ist unehrlich.

Ich wiederhole noch einmal, was ich schon mehrfach betont habe: Strafen, insbesondere Schläge als Strafen, sind ein ungeeignetes Mittel der Erziehung. Sie machen nicht einsichtig, sondern bockig oder höchstens willfährig. Strafende Eltern sind ihren Kindern schlechte Vorbilder für einen gewaltfreien Umgang miteinander.

Wem gelegentlich die Hand ausrutscht, der soll sich ehrlich und ohne Ausrede dazu bekennen. Der soll - für sich, mit anderen Erwachsenen, gemeinsam mit den Kindern - zu ergründen versuchen, was ihn in den kritischen Situationen so wütend gemacht hat. Dann kann er vielleicht Möglichkeiten finden, solche Situationen zu vermeiden oder wenigstens zu entschärfen.

Wenn Sie wieder einmal das Gefühl haben, daß Ihnen gleich die Nerven durchgehen - gehen Sie auf die Toilette, riegeln Sie hinter sich ab, lassen Sie sich nieder und denken Sie erst mal einen Moment in Ruhe nach!

Kämpfe um Ordnung und Sauberkeit

Anscheinend sind alle Kinder unordentlicher, als es ihren Eltern recht ist.

Anscheinend haben alle Kinder - zumindest zeitweise - ein gestörtes Verhältnis zu Hygiene und Sauberkeit.

In vielen Familien werden darum erbitterte Kämpfe ausgetragen.

- Sind nun die Kinder zu schmutzig und zu unordentlich?
- Sind die Eltern zu sehr auf Sauberkeit und Ordnung erpicht?
- Oder liegt die Wahrheit irgendwo in der Mitte - aber wo?
- Wie ordentlich, wie sauber muß man sein - und warum?

Elternargumente für Sauberkeit

Am einfachsten scheint das Argumentieren bei der Sauberkeit. Unsauberkeit ist unhygienisch, im Schmutz halten sich allerlei Krankheitserreger, die unsere Gesundheit bedrohen. Schlimme Seuchen sind nur durch die Verbesserung der Hygiene eingedämmt worden.

Das war und ist sicher richtig, wo Menschen in Armut in elenden Behausungen viel zu dicht aufeinander leben, zudem schlecht ernährt und wenig widerstandsfähig sind.

Aber heute in Mitteleuropa haben wir schon ein anderes Problem: Zahlreiche Umweltgifte und der gar zu emsige Gebrauch von Seife, Deos, Pflegemitteln zerstören den Schutzmantel unserer Haut, der übertriebene Gebrauch von Desinfektionsmitteln macht entweder die Erreger resistent oder den Körper unfähig, sich überhaupt noch erfolgreich mit ihnen auseinanderzusetzen. Deswegen warnen Hautärzte vor zu viel Reinlichkeit und (vermeintlicher) Hygiene. Gefahr droht im Alltag weniger von den Bakterien, als vielmehr von den Mitteln, die sie vertreiben sollen.

Es ist schlichtweg unmöglich, die Umwelt eines Kindes frei von Krankheitskeimen zu halten. Es ist nicht einmal wünschenswert. Denn sein Immunsystem muß sich darin trainieren, mit den üblichen und häufigen Erregern fertigzuwerden.

Aber es beeinträchtigt das Lebensgefühl ganz erheblich, in allem, was man berührt, ißt oder einatmet, eine mögliche Gefahr für die Gesundheit zu sehen. Die zahlreichen Umweltgifte zwingen uns schon viel zu oft dazu.

Es ist deshalb nicht mehr angebracht, die Hygieneregeln unserer Mütter und Großmütter zu übernehmen, ohne neu darüber nachzudenken. Wir sind heute auch informiert genug, um Gefahrenquellen besser einschätzen und gezielt meiden zu können - wir brauchen nicht mehr den ungezielten Rundumschlag gegen alles, was schmutzig aussieht. Schokolade oder Wasserfarben an Gesicht, Händen, Kleidung sind hygienisch unbedenklich, das unsichtbare Spritzmittel auf dem rotwangigen Apfel ist es nicht.

In der Hygiene finden wir also keine ausreichende Begründung für das gar zu ängstliche Bemühen, unsere Kinder stets adrett und sauber zu halten. Ich werde weiter unten zu begründen versuchen, daß ein übertriebenes Reinlichkeitsbedürfnis andere, oft unbewußte Quellen hat, daß die Hygiene als Begründung oft nur vorgeschoben ist.

Ein weiteres Motiv, auf Sauberkeit und gepflegtes Äußeres besonders zu achten, hat seine Wurzeln in unserer Geschichte und ist vielen Eltern so nicht bewußt: Schmutzig zu sein und schlecht zu riechen war kennzeichnend für die Armen, die schwere und schmutzige Arbeit im Schweiße ihres Angesichts verrichten mußten. Sauber sein, saubere Kleidung und saubere Fingernägel zu haben war das Privileg der Begüterten, die Gelegenheit, Zeit und Geld genug hatten, sich zu pflegen. Alle aber wünschten, ihre Kinder sollten es einmal besser haben als sie selbst. Peinliche Reinlichkeit erschien ihnen als Voraussetzung dazu.

Aber die ständige Jagd auf schwarze Knie oder klebrige Finger kann insbesondere für Kinder sehr hinderlich werden.

Daß Kinder sich ständig schmutzig machen ist nicht nur unvermeidbar, es ist notwendig und förderlich für ihre Entwicklung.

Von Menschen, die sehr neugierig sind, sagt man: „Sie stecken ihre Nase in jeden Dreck". Neugierde aber ist eine der wichtigsten Tugenden kleiner Kinder. Wer als Kind nicht Nase und Finger in jeden Dreck steckt, hat weniger Chancen, ein kluger, kreativer, lebenspraktischer Erwachsener zu werden - er wird eher einer, „der Angst hat, sich die Finger schmutzig zu machen".

Ein Kind sollte also angesehen werden wie ein Handwerker während der Arbeitszeit. Niemand findet etwas dabei, wenn der Monteur im ölverschmierten Overall in einen Laden kommt, um sich sein Frühstück zu kaufen. Warum soll uns ein Kind stören, dem man die Spuren interessanter Unternehmungen ansieht?

... und für Ordnung

Prüfen wir in gleicher Weise Begründungen für die Notwendigkeit von Ordnung:

Ordnung zu halten ist sinnvoll, damit man, was man hat, auch findet, damit nichts zerbrochen, zertreten, verdorben wird, weil es am falschen Ort herumlag. Wenn ich auf dem Fußboden treten, auf den Sesseln sitzen, auf dem Tisch schreiben oder essen will, muß ich wegräumen, was da herumliegt.

Zu viel Ordentlichkeit aber kann hinderlich sein. Der Spaß am Spiel leidet, wenn die angefangene Ritterburg am Abend wieder abgebaut werden muß, wenn das große Packpapiergemälde schnell im Papierkorb landet, weil es nicht ansehnlich genug ist.

Wieviel Ordnung ist sinnvoll, was ist hinderlich?

In einem Elternseminar vertritt eine Mutter besonders vehement den Grundsatz, bei ihr müsse alles immer so aufgeräumt werden, daß man es mit einem Griff selbst im Dunkeln finden könne. Bei der recht heftigen Debatte stellt sich heraus, daß diese Mutter auf der Intensivstation eines Krankenhauses arbeitet. Hier hat sie diese unbedingte Ordentlichkeit gelernt, hier ist sie auch sinnvoll, weil im Notfall lebensrettend. Zu Hause aber engt sie die Lebendigkeit der Kinder unerträglich ein, ist Anlaß zu ständigen Reibereien.

Andere Situationen verlangen andere Ordnungen. Eine Wohnung ist kein Krankenhaus. Aber wenn sie zu sauber, zu aufgeräumt ist, kann sie leicht so wirken - steril und ungemütlich.

Aber nicht immer sind die Gründe, die uns veranlassen, auf Sauberkeit und Ordnung besonderen Wert zu legen, unserem kritischen Verstand zugänglich. Wir können nicht anders, ohne recht zu wissen warum. Hygiene, Nützlichkeit, Ästhetik sind eigentlich nur vorgeschoben.

Es fällt auf, daß Sauberkeit und Ordnung oft mit Moral verknüpft werden. Ordentlich und sauber sind nicht nur Schränke und Hände, sondern auch Gedanken, ebenso wie der Charakter. Wer unordentlich und unsauber ist, muß sich schämen, bei so einem Menschen muß man auch sonst mit einigem rechnen.

Muß man wirklich? Kann ich nicht ein grundanständiger Mensch und dabei ein fürchterliches Schlamphuhn sein? Oder schützt ein sauberer Kragen davor, ein Lump zu sein? Wie kommt es zu dieser Verknüpfung?

Die Gleichsetzung von Sauberkeit und Moral ist uns geblieben aus prüderen Zeiten, in denen Körperliches an sich etwas Schmutziges und Anrüchiges war. Der Körper mußte verhüllt und verleugnet werden, man durfte ihn kaum sehen und schon bestimmt nicht riechen. Die sinnliche Lust, die man im ungehemmten Umgang mit dem eigenen Körper empfinden kann, die durfte nicht sein, die war verdächtig und gefährlich. „Sich reinhalten“ schützte auch vor dieser gefährlichen Nähe zur Sexualität. Redewendungen wie „sittsam und rein sein“, machen die Verbindung deutlich.

Menschen, die auf Grund einer sehr rigiden Erziehung glauben, „schmutzige“ Gedanken, oft sexueller Natur, verdrängen und vor anderen verbergen zu müssen, entwickeln manchmal das zwanghafte Bedürfnis, sich unentwegt zu waschen. Auch hier wird der Zusammenhang sichtbar.

Die Werbung knüpft oft raffiniert an solche unbewußten Ängste an, indem sie Frauen ein schlechtes Gewissen zu machen versucht, wenn sie etwas nicht sauber genug gewaschen oder geputzt haben.

Unterstützt durch Mode und Werbung, haben heute viele Menschen ein gestörtes Verhältnis zum eigenen Körper. Sie schämen sich seiner - weil er ihnen zu dick, zu dünn, zu unproportioniert oder zu faltig erscheint, weil er schlecht aussieht oder schlecht riecht. Sie bekämpfen ihn mit Diäten und Deodorants, mit Korsetts und Kosmetik. Sie verstecken ihn unter vielen Lagen Kleidung, und diese Kleidung gibt ihnen das Selbstgefühl, das der Körper ihnen nicht gibt - „Kleider machen Leute".

Wer aber sich selbst wirklich mag, der mag auch seinen Körper, so wie er ist. Der verliert sein Selbstwertgefühl nicht, wenn er mal schmutzige Kleider anhat, der gerät auch nicht gleich in Panik, wenn er mal nicht nach Deo und Eau de Cologne, sondern nach sich selbst riecht.

In einem meiner Seminare redeten wir über Urlaubsträume. Ein Mann, der von Berufs wegen tagtäglich im Bügelfaltenanzug umhergehen muß, meinte: „Ich möchte drei Wochen lang mit Fahrrad und Zelt durch die Gegend ziehen, die ganze Zeit das gleiche Paar Jeans tragen und leise vor mich hinstinken."

Einige schlossen sich sofort an, wollten gern mitfahren. Andere wiederum konnten sich nicht vorstellen, sich ohne einen frischen Pulli für jeden Tag wohl fühlen zu können.

Kennen Sie das schöne Gefühl, mit nackten Füßen durch den Modder zu stapfen, daß einem das weiche Zeug zwischen den Zehen durchquillt? Haben Sie sich schon mal am Strand mit Modder beworfen?

Ich fürchte, viele Erwachsene haben vor lauter Reinlichkeit vergessen, welche sinnliche Lust es sein kann, mal so richtig schmutzig zu sein.

Kleine Kinder provozieren oft die anerzogenen Reinlichkeitsvorstellungen ihrer Eltern. Sie kennen sie noch, die Lust am Dreck! Sie stampfen durch alle Pfützen, bewerfen sich mit Modder oder wälzen sich gar darin, bis sie aussehen wie die Erdferkel. Sie untersuchen begeistert alles, was manscht oder stinkt. Sie kennen zunächst auch keinerlei Ekel vor den eigenen Ausscheidungen und finden nichts dabei, damit zu hantieren. Selbst wenn sie gelernt haben, das nicht mehr zu tun, haben sie noch lange eine hintergründige Freude daran.

Kinder experimentieren auch gern mit dem eigenen Körper und machen dabei vor den Sexual- und Ausscheidungsorganen nicht halt - warum auch?

Warum darf ein kleiner Junge sein Glied nicht untersuchen, langziehen, probieren, ob er's schon auf den Stuhl legen kann? Warum darf nicht auch das Mädchen jede Körperöffnung mit vorsichtig tastendem Finger erkunden? Warum nicht auch Spaß dabei haben?

Es ist einfach nicht wahr, daß allein die Angst vor Bakterien uns bestimmt, wenn wir Kinder von der Beschäftigung mit ihren Ausscheidungsorganen abzuhalten versuchen. Denn sie sind eben auch die Sexualorgane oder diesen zumindest eng benachbart.

Darf man an denen ungestraft seinen Spaß haben? Durften Sie es? Auf jeden Fall wird es sich auch auf die sexuelle Entwicklung eines Kindes negativ auswirken, wenn auf seine Ausscheidungen mit übertriebenem Ekel reagiert wird. Das „Pfui, wie schmutzig!“ wird sich leicht auf die ganze Körperregion ausweiten, die ganze Gegend wird tabu. So wird diese körperfeindliche Einstellung von einer Generation an die andere weitergegeben.

Wenn wir erreichen möchten, daß unsere Kinder ein ungezwungenes Verhältnis zu ihrem Körper mit allen seinen Funktionen entwickeln, müssen wir diese Verbindung von Sauberkeit und Moral auflösen. Wenn wir merken, daß wir selbst große Schwierigkeiten haben, Unsauberkeit zu ertragen, müssen wir bei uns damit anfangen.

Ordnung und Moral

Was hat nun Ordnung mit Moral zu tun - wie ist diese Verbindung zustandegekommen?

Im Urlaub habe ich einmal mit meinen Kindern ein Marinemuseum besucht, das von der Armee unterhalten wurde. Was mir geradezu beklemmend auffiel, war das blankgewienerte Holz und das viele, makellos geputzte Messing - nirgends ein Stäubchen, nirgends ein blinder Fleck. Wieviel Mühe mußte es kosten, das so zu erhalten, und wer mußte das wohl machen?

Wenn Sie Romane aus vergangenen Zeiten lesen, werden Sie immer wieder darauf stoßen, daß das Dienstpersonal wohlhabender Häuser ebenso dazu angehalten wurde, Blankes immer blank zu halten, für Ordnung und makellose Sauberkeit peinlichst zu sorgen.

Wer so beschäftigt und angehalten wird, kommt nicht auf dumme Gedanken! Ich behaupte nämlich, daß immer die zu strikter Ordentlichkeit angehalten werden, die gehorchen sollen, ohne zu rebellieren - zu einer Ordentlichkeit wohlgemerkt, die durch Nützlichkeitserwägungen allein nicht mehr zu rechtfertigen ist. Deshalb wird auch in Zeiten, in denen Gehorchen sehr gefragt ist, auf Ordnung ganz besonders viel Wert gelegt. Und hier erhält dann auch die Verknüpfung von Ordnung und Moral ihren Sinn. Wer ordentlich ist, ist brav, darf sich sicher fühlen. Wer unordentlich ist, soll ein schlechtes Gewissen haben, damit er nicht auf die Idee kommt, aus den vorgegebenen Ordnungen ausscheren zu wollen. Denn wer zum Beispiel unordentliche Haare hat, der hat womöglich auch unordentliche Gedanken, der stellt womöglich die bestehende Ordnung in Frage.

Diese Zeiten sind zum Glück passé, wir leben in einer Demokratie, selbständig denken ist erlaubt, und Ordnungen dürfen angezweifelt werden. Aber sie steckt noch in uns, diese Verknüpfung von Ordnung und Moral. Wir haben sie von unseren Eltern übernommen, wahrscheinlich, ohne groß darüber nachzudenken.

Liegt der Gedanke so fern, daß auch Hausfrauen von aufmüpfigen Gedanken abgehalten werden, so lange sie die Ideologie akzeptieren, daß man in einem gut geführten Haushalt vom Fußboden essen kann, so lange ihnen herumliegendes Kinderspielzeug nicht lästig, sondern peinlich ist?

Kann ich wirklich nicht aus dem Haus gehen, bevor ich nicht Staub gesaugt und die Stahlspüle in der Küche poliert habe?

Wird hier Ordnung nicht zum Zwang, der keinem vernünftigen Zweck dient, aber die Bewegungsfreiheit lästig behindert?

Wo uns als Begründung für notwendiges Aufräumen nichts Besseres einfällt als: „So darf das eben nicht aussehen", oder „Da muß man sich ja schämen!", da sollten wir doch aufmerksam werden und erst mal uns selbst kritisch prüfen.

Aufstände gegen die Ordentlichkeit sind ja auch nichts Neues – der Sterilität übertriebener Ordnung wird die „schöpferische Unordnung" entgegengesetzt. Bekannte Kulturschaffende bekennen sich zum Chaos in ihren Utensilien, es gibt kaum jemanden, der nicht gelegentlich unter dem schikanösen Ordnungssinn anderer gestöhnt hätte. Selbst wer zähneknirschend den Spruch akzeptiert, daß Ordnung das halbe Leben sei, setzt oft genug leise dazu: „... aber die andere Hälfte ist mir lieber". Oder es heißt gar: „Wer Ordnung hält, ist nur zu faul zum Suchen". Eine stille Liebe zum Chaos ist darin unverkennbar.

Halten wir also fest:

Unsere eigenen Ansichten über Sauberkeit und Ordnung haben historische Wurzeln, sie sind bedingt durch unsere Erziehung, ohne daß wir das immer gleich durchschauen.

Viele Begründungen sind nur vorgeschoben – sie sollen das logisch erscheinen lassen, wofür wir sonst keine Erklärung wissen.

Bevor wir uns deshalb etwa mit den Ordnungsvorstellungen unserer Kinder in den Clinch begeben, müssen wir unsere eigenen Einstellungen und ihre Wurzeln kritisch überprüfen.

Was nutzt wem? Was schadet und engt ein? Es können in unterschiedlichen Familien ganz unterschiedliche Bewertungen und Maßstäbe dabei herauskommen.

In einer sehr engen Wohnung wird mehr Ordnung nötig sein als in einer weitläufigen, im einen Zimmer kann toleriert werden, was im anderen stört, der eine ist ordentlicher oder auch auf andere Art ordentlich als der andere.

Kinder sehen Ordnung anders

Kinder haben oft andere Vorstellungen von Ordnung als Erwachsene.

Emine zum Beispiel ist ein ungewöhnliches Kind. Sie räumt gern auf! Allerdings hat sie dabei oft andere Vorstellungen als ihre Mutter. Daß alle Steckbausteine auf dem Boden liegen, stört sie überhaupt nicht. Denn die werden doch bald wieder gebraucht, und wenn alles weiträumig ausgebreitet ist, findet sie am besten, was sie sucht. Gestern hat sie ihren Schrank aufgeräumt. Die roten Kniestrümpfe auf den roten Pulli, denn das zieht sie immer zusammen an – auch ein Hemd und ein Höschen dazu. Wie man es eben zusammen braucht. Sachen, die ihr nicht gefallen, hat sie weit nach hinten gestopft. Die mit den kräftigen Farben liegen ganz vorn. Und auf oder unter jedem Stapel sitzt ein Plüschtier – hat dort sein Nest oder seine Höhle, denn da sitzen alle warm und weich. Ob sie auch noch ein paar Näpfchen mit Futter dazwischenstellen sollte?

Auf den Protest der Mutter, so könne man doch überhaupt nichts wiederfinden, erklärt sie, sie würde schon alles wiederfinden, sie könne sich auch alles allein heraussuchen.

Aber ein Problem gibt es mit den Bausteinen auf dem Fußboden. Jedes Mal, wenn die Mutter versucht, dazwischen mit dem Staubsauger zu manövrieren, hört man mindestens einen Stein klackend im Rohr verschwinden. Emine protestiert laut. Ob sie nächstens allein saubermachen will? „Das kann ich nicht!" erklärt sie. Also wird sie in Zukunft wohl, wenn gesaugt werden soll, die Steine vom Boden aufnehmen müssen.

. . . oder überhaupt nicht

Aber häufiger ist das Problem nicht, daß Kinder eine andere Ordnung haben, sondern, daß sie überhaupt keine haben – daß sie alles da fallen lassen, wo es zuletzt benutzt wurde, und da bleibt es dann liegen, nach und nach überwuchert von der nächsten Lage. Und hier greift dann oft unser Ordnungssinn ein, wir mahnen, schimpfen, und oft genug räumen wir dann selbst weg, was das Kind hingeworfen hat, weil wir den zermürbenden Auseinandersetzungen entgehen wollen.

Konsequenzen erleben

Aber ein Kind, das nie die negativen Auswirkungen von Unordnung handfest und lange genug selbst gespürt hat, kann keinen Sinn für Ordnung entwickeln.

Erst wenn eines von den Modellautos unter dem Klötzerberg am Boden zertreten worden ist, wird es einsehen, daß Zerbrechliches da nicht liegen darf.

Erst wenn es sich an den herumliegenden Klötzen die bloßen Füße gestoßen hat, als es nachts zur Toilette wollte, wird es abends zumindest eine Schneise vom Bett zur Tür freilegen.

Erst wenn es keinen Buntstift, kein passendes Puzzlestück, keinen Schuh für die Puppe mehr findet, wird es einsehen, daß man das alles ein bißchen auseinandersortieren muß.

Diese logischen Folgen selbst zu erleben ist viel wirksamer als ständiges Mahnen, Schimpfen, Drohen, Strafen.

Das ständige Schimpfen strapaziert die Nerven der Mütter offenbar viel stärker als die der Kinder. Denen scheint Aufräumen noch unangenehmer zu sein als mütterliches Gemecker - dagegen können sie erstaunlich resistent werden!

Wenn Sie ein Kind nur mit der Androhung von Stubenarrest zum Aufräumen kriegen, wird es sich vielleicht zähneknirschend fügen, aber es wird eine Mordswut auf Sie haben, und das ist der Einsicht in den Sinn von Ordnung nicht eben förderlich.

Es ist auch keine Lösung, nach längerem Mahnen und Schimpfen dann resignierend selbst aufzuräumen. Warum soll Ihr Kind dann in Zukunft auf das Schimpfen reagieren, wenn es doch nur lange genug zu warten braucht, damit Sie die Arbeit wieder selbst erledigen?

Fangen Sie beim kleinen Kind an, ihm das Aufräumen abzunehmen, können Sie dabei bleiben, bis es erwachsen ist. Und viele Jahre werden Sie zu der zusätzlichen Mühe auch noch den Ärger haben, für alles Verkramte verantwortlich zu sein - „Mutti, wo hast du wieder meinen Turnbeutel gelassen?" Das Kind wird die Einstellung gewinnen, daß Sie es sind, die unbedingt alles ordentlich haben will, daß es deshalb auch *Ihre* Aufgabe ist, dafür zu sorgen, daß es *Ihnen* einen Gefallen tut, wenn es mal selbst aufräumt.

Je mehr es Ihnen aber gelingt, das Kind gelassen und ohne Streit die Folgen seiner Unordnung selbst ertragen zu lassen, desto eher wird es einsehen, daß Ordnungmachen seine eigene Angelegenheit ist.

Das heißt freilich nicht, daß Sie nicht Ihren Rat und Ihre Hilfe bei diesem lästigen Geschäft anbieten dürfen. Gemeinsam aufzuräumen macht mehr Spaß als allein.

Der entmutigende Weg durch das Chaos muß manchmal in kleine, überschaubare Zwischenschritte zerlegt werden.

Eine Serie von Kisten oder Pappeimern erleichtert das Sortieren.

Rechnen Sie aber auch damit, daß ein Kind nicht so zielstrebig - konsequent aufräumt wie ein Erwachsener. Je jünger es ist, desto leichter wird es sich von dem, was ihm da in die Finger gerät, zu neuen und interessanten Spielen anregen lassen.

Vorsicht! Ehe Sie es sich versehen, spielt das Kind, und Sie räumen weiter.

Können Sie kurze Spiel- und Aufräumphasen sich abwechseln lassen? Kann das Räumen selbst zu einem Spiel werden?

Unordnung in der ganzen Wohnung

Nun sind wir bis hierher davon ausgegangen, daß das Kind der einzige Leidtragende seiner eigenen Unordnung ist. Das mag richtig sein, wenn es ein Kinderzimmer hat, wenn sich die Unordnung nur auf dieses Zimmer beschränkt. Von der Notwendigkeit des Saubermachens einmal abgesehen, ist es hier wahrscheinlich auch noch am leichtesten, Langmut und Gelassenheit zu bewahren. Selbst wenn Fremde kommen, kann man die Tür zum Kinderzimmer meistens geschlossen halten. Aber was ist, wenn im Wohnzimmer Höhlen gebaut werden, die Klötzerkiste auf dem Flur ausgekippt wird, der Anorak immer wieder unter der Garderobe liegt?

Ein Kind, das kein eigenes Zimmer hat, sollte wenigstens eine Ecke in einem Zimmer haben, in der es nur allein für Ordnung oder Unordnung zuständig ist. Für die Räume aber, die von allen gemeinsam benutzt werden, müssen auch alle gemeinsam festlegen, was da erlaubt sein soll und was nicht. Wie weit Eltern hier auf die Bedürfnisse der Kinder eingehen wollen, wird unterschiedlich sein.

Je kleiner ein Kind ist, desto weniger ist es in seinem Spielbedürfnis auf ein Zimmer oder eine Ecke zu beschränken. Es will da sein, wo auch die Erwachsenen sind, am liebsten auch mit dem spielen, was sie benutzen.

Es schont die Nerven aller Beteiligten, so lange man kleine Kinder hat, auf empfindliche Teppichböden und Möbel in der ganzen Wohnung zu verzichten, Wertvolles oder Zerbrechliches in Schränken oder Regalen möglichst weit oben unterzubringen.

Bedenken Sie dabei bitte auch, daß die Wohnung für kleine Kinder mit der wichtigste Erlebnis- und Erfahrungsraum ist. Wenn Sie zu häufig auf Neugier und Unternehmungsgeist mit einem Verbot reagieren, hemmen Sie damit die Entwicklung seiner Intelligenz.

Was soll erlaubt sein?

Das heißt noch nicht, daß Höhlenbauen im Wohnzimmer erlaubt sein muß. Höhlenbauen macht viel Spaß und ist für Kinder anscheinend sehr wichtig. Ist das Wohnzimmer der einzige Raum, der dazu groß genug ist? Gibt es noch woanders lose Sitzkissen, Decken und Kissen für solche Zwecke? Halten sich die Kinder an die Verabredung, bis zum Abend alles wieder an seinen Platz zu räumen?

Ist der Flur die einzig mögliche längere Autorennstrecke? Wenn ja - wie kann man verhindern, daß Leute, die in die Wohnung wollen, über Klötze und Autos stolpern?

Über all dies werden Sie gemeinsam mit den Kindern Übereinkünfte treffen müssen, die möglichst den Bedürfnissen aller gerecht werden. Halten Kinder sich an diese Übereinkünfte nicht, können Sie ihnen das Spiel beim nächsten Mal verweigern oder Spielzeug, das gar zu störend im Weg liegen bleibt, einziehen.

Aber vielleicht stellen Sie beim Zusammenleben mit Ihren Kindern auch fest, daß Ihre bisherigen Vorstellungen von Ordnung recht übertrieben waren und daß ein Wohnraum, der sichtbar benutzt wird, eigentlich viel anregender und gemütlicher ist.

Oft sind Eltern auch recht erstaunt, wenn sie aus Kindergarten oder Schule hören, daß es da mit der Ordentlichkeit ihrer Kinder überhaupt keine Probleme gibt. Das ist doch tröstlich und läßt vielleicht häusliche Ausrutscher leichter ertragen.

Tina geht das erste Jahr zur Schule. Sie macht sich erstaunlich gut. Obwohl die Lehrerin nach dem Eindruck der Eltern recht hohe Anforderungen an Ordnung und Disziplin ihrer noch so jungen Schüler stellt, hat die sonst so unordentliche Tina keine Schwierigkeiten. Aber wenn Tina aus der Schule kommt, spielt sich das ungefähr so ab: Die Mutter öffnet. Eine strahlende Tina verkündet: „Ich bin wieder da!" Dabei läßt sie die Schulmappe von der Schulter in die Ecke rutschen, schlüpft beim Laufen über den Flur aus Anorak und Schuhen, erreicht ihr Kinderzimmer und läßt sich erleichtert seufzend mit dem Lieblingsteddy im Arm aufs Bett sinken.

Ist es nicht schön, nach einem Vormittag voller Ordnung nach Hause zu kommen, wo man sich gehenlassen, wo man ungestraft Spuren hinterlassen darf? Die Mutter schiebt Schuhe und Anorak nur leise zur Seite – irgendwann wird Tina sie schon wegräumen.

Waschen und Körperpflege

Auch beim Waschen müssen wir unvoreingenommen prüfen, was wichtig, was unnötig oder hinderlich ist.

Die meisten Kinder entwickeln, zumindest phasenweise, eine ausgesprochene Abneigung gegen Wasch- oder Badewasser, hassen das Kämmen, lutschen die Zahnbürste nur ab, anstatt sie zu benutzen.

Freilich kann Waschen auch Spaß machen, wenn es sich lohnt, wenn das, was eben noch am Körper klebte, in schwarzen Schwaden durch den Gulli läuft.

Daß manche Kinder nicht gern in die Badewanne wollen, wird wohl mit dem zusammenhängen, was sich da abspielt.

Heißt Baden Abseifen bis in die letzte Hautfalte, zwangsweises Haarewaschen mit Seife in den Augen – oder Waschlappenschlachten, Schiffchenfahrten und Tauchversuche mit Brille und Schnorchel? Zu zweit macht das übrigens noch mehr Spaß als allein, und Nachbars Kind hat es ja vielleicht auch nötig.

Auf Seife kann man bei so viel Bewegung im Wasser meistens verzichten, warnen doch die Hautärzte längst vor Hautschäden durch zu häufigen Seifengebrauch. Und Haare, die schwierig zu waschen sind und beim Durchkämmen ziepen, kann man kurzschneiden.

Wie oft aber nötigen wir unsere Kinder, sich zu waschen, wenn sie überhaupt nicht das Gefühl haben, schmutzig zu sein oder der Reinigung zu bedürfen. Waschen als Pflichtübung, als Verneigung vor dem Willen der Erwachsenen, ohne Einsicht darein, warum das jetzt nötig sein soll. Da wird „nur so tun als ob" zum leisen Protest der Machtlosen.

Abends ist Waschen und Zähneputzen außerdem die Vorbereitung fürs lästige Schlafengehen. Es hinauszuzögern bringt zusätzliche Zeit zum Spielen, es in die Länge zu ziehen bedeutet länger aufbleiben.

Was also tun, wenn unsere Kinder gerade mit dem Waschen auf Kriegsfuß stehen? Sich klaglos abfinden mit Triefnasen, klebrigen Fingerspuren und dunklen Fußabdrücken in der Bettwäsche? Ich denke, das wird nicht nötig sein. Wenn wir wenigstens die Beweggründe unserer Kinder, sich nicht so oft waschen zu wollen, genau so wichtig nehmen wie unsere, sie ständig dazu anzuhalten, werden wir Kompromisse finden, mit denen beide leben können.

Bleiben wir bei den Fingerspuren. Auch ein kleines Kind ver-

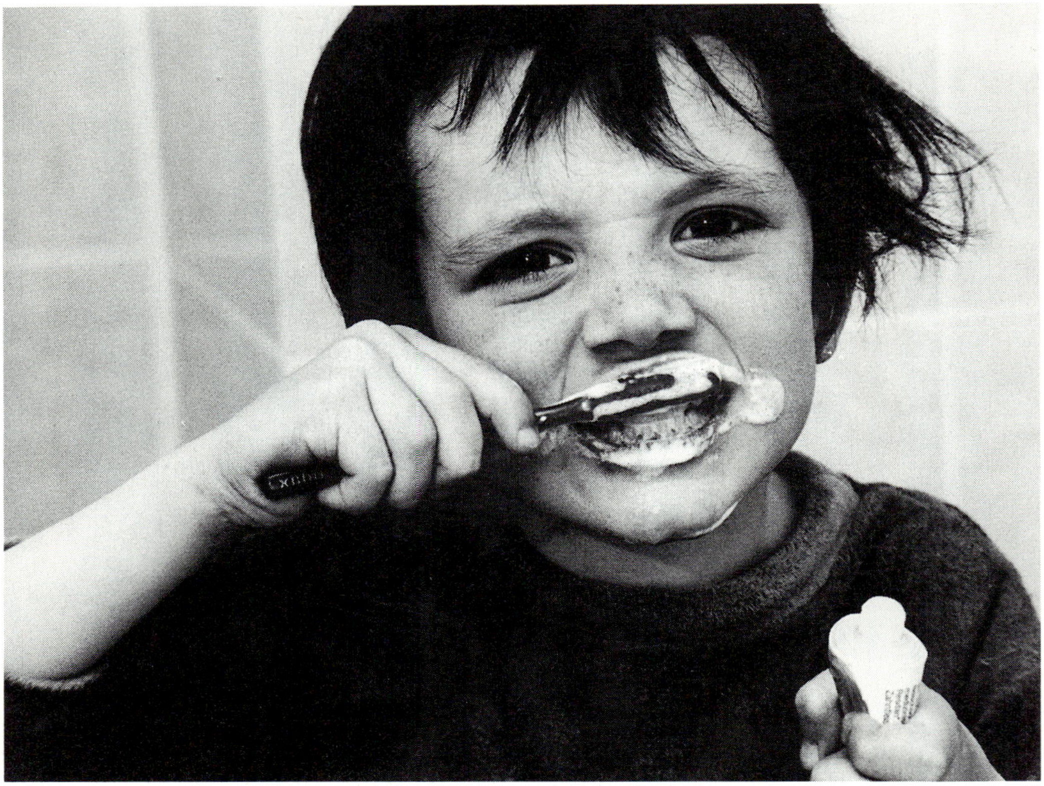

mag einzusehen, daß Schokoladenfinger im neuen Märchenbuch Spuren hinterlassen. Wenn es das nicht mag, wird es die Hände waschen müssen. Aber was ist „weil wir weggehen wollen“ für eine Begründung fürs Händewaschen - werden die Hände doch schlimmer aussehen als vorher, wenn das Kind mit ihnen nur mal eben auf Nachbars Zaun entlanggefahren ist. Für wirklich dringende Fälle erspart ein feuchter Waschlappen in der Tasche manch ärgerlichen Disput.

Mehr Gelassenheit

Ansonsten wünsche ich allen Eltern mehr Gelassenheit mit dem zeitweise gestörten Verhältnis ihrer Kinder zu Ordnung und Reinlichkeit. Kein Kind wird krank, wenn es abends mal ungewaschen ins Bett geht. Eine vorübergehende Aversion gegen Wasser legt sich leichter, wenn man zu nichts gezwungen wird.

So wichtig es auch sein mag, häufig und regelmäßig die Zähne zu putzen, die Welt geht nicht unter, wenn man es mal nicht tut. Vom medizinischen Standpunkt aus ist strenge Regelmäßigkeit zwar wünschenswert. Durch gar zu strenge Regeln kann ich aber erreichen, daß das Kind bockig wird, Vernunftgründen nicht mehr zugänglich ist. Auf längere Sicht wird es sich dadurch ums

Zähneputzen häufiger drücken, als wenn ich gelegentliche Ausnahmen augenzwinkernd toleriere.

Für die Ordentlichkeit gilt das gleiche.

An später denken?

Manche Eltern meinen, sie müßten ihre Kinder zu mehr Ordnung anhalten, nicht, weil sie deren Unordentlichkeit jetzt nicht ertragen können, sondern weil sie Angst haben, die Kinder würden später als Erwachsene durch einen unterentwickelten Ordnungssinn Schwierigkeiten haben. Ich glaube nicht, daß das berechtigt ist. Wir haben zu Anfang des Kapitels festgestellt, daß anscheinend alle Kinder unordentlicher sind, als ihre Eltern das für gut halten. Aber fast alle Erwachsenen sagen, daß sie das für sie notwendige Maß an Ordnung gelernt haben. Offenbar lernen es also fast alle - unabhängig davon, wie rigoros oder nachsichtig ihre Eltern mit ihnen umgegangen sind. Mancher chronische Schlamper sieht allerdings sein gestörtes Verhältnis zur Ordnung als Protest gegen den übertriebenen Ordnungsdrill durch Eltern oder Lehrer.

. . . und immer noch Windeln!

Alle gesunden Kinder lernen eines Tages, ihre Ausscheidungen zu beherrschen, auch wenn sie zu diesem Zweck keinem gezielten Erziehungsprogramm unterworfen werden. Die meisten wollen gern groß sein, wer groß ist, trägt keine Windeln, nasse und schmutzige Hosen werden ihnen eines Tages selbst unangenehm.

Wann allerdings dieser Tag sein wird, kann schon recht verschieden sein. Beim einen klappt das mit zwei Jahren fast über Nacht, beim anderen erst mit drei oder vier, und häufige Rückfälle haben auch Fünfjährige noch. Das eine ist auch zuerst nachts trocken, die meisten zuerst tagsüber, das „große Geschäft" beherrschen die meisten eher als das „kleine".

Die körperlichen Voraussetzungen

Wann ein Kind frühestens sauber sein kann, ist mehr eine Frage der Reife seines Nervensystems als der Erziehung. Dabei scheinen auch Erbfaktoren eine Rolle zu spielen.

Ich will das am Beispiel der Blasenkontrolle erläutern. Es gilt ähnlich für die Kontrolle des Stuhlgangs, nur wird das seltener zum pädagogischen Problem.

Die Kontrolle über die Blase ist ein recht komplizierter Steuerungsvorgang, der im Laufe von Jahren in verschiedenen Zwischenschritten erworben wird:

- Das Kind unter einem Jahr uriniert etwa 20mal am Tage, ohne Harndrang wahrzunehmen oder den Zeitpunkt der Ausscheidung beeinflussen zu können.
- Das Ein- bis Zweijährige uriniert nur noch etwa 10mal am Tag. Es kann Urindrang empfinden und die Entleerung für kurze Zeit aufhalten. Aber es kann nur willentlich Wasser lassen, wenn die Blase wirklich ganz voll ist.
- Das Zwei- bis Dreijährige kann das Urinieren schon etwas länger aufhalten, auch unterbrechen.
- Das etwa Vierjährige muß nur noch 6–8mal am Tage Wasser lassen, hat aber immer noch Schwierigkeiten, das willentlich bei nicht ganz voller Blase zu tun.
- Erst das etwa Sechsjährige kann willentlich bei fast jeder Blasenfüllung Wasser lassen.

Für die nächtliche Blasenkontrolle kommt noch eine ganz wichtige Funktion hinzu: Die Blase muß eine bestimmte Größe und Trainiertheit erreicht haben, damit sie größere Urinmengen aufnehmen und für längere Zeit festhalten kann. Das Kind muß den Spannungszustand der vollen Blase als Weckreiz erleben.

Bei Kindern, die ungewöhnlich lange nachts ins Bett machen,

wurde festgestellt, daß sie oft besonders tief schlafen, nur sehr schwer aufzuwecken sind.

Auch haben viele von ihnen eine ungewöhnlich kleine, untrainierte Blase, müssen häufiger Wasser lassen. Allerdings ist fraglich, ob das reifungsbedingte Ursache oder aber Folge des nächtlichen Einnässens ist. Denn Eltern von Kindern, die länger als andere in die Hosen oder ins Bett machen, neigen dazu, ihre Kinder ständig „auf Verdacht" zur Toilette zu schicken, sie auch dazu aus dem Schlaf wecken. Damit erreichen sie aber das Gegenteil des Bezweckten. Die Blase wird selten ganz gefüllt, sie wird nicht trainiert, größere Mengen aufzunehmen, das Kind lernt starken Harndrang nicht kennen und darauf reagieren.

Kulturelle Bedingungen

Aber wann von Kindern erwartet wird, daß sie ihre Ausscheidungen erfolgreich kontrollieren, ist nicht nur von ihrem Entwicklungsstand, sondern auch von kulturellen Bedingungen abhängig. Als in den sechziger Jahren die Kibbuz-Erziehung in Israel das Interesse der Pädagogen auf sich zog, stellte man fest, daß die Kinder dort noch häufig mit sechs, sieben Jahren nachts ins Bett machten. Waren sie alle seelisch gestört? Der bekannte Pädagoge Bruno Bettelheim kam nach genauen Untersuchungen zu der Ansicht, das seien sie keineswegs, sie machten nur deshalb so lange ins Bett, weil es keinem sonderlich wichtig war, ob sie das taten oder nicht.

Auch bei uns ist das Durchschnittsalter, in dem Kinder tags und nachts sauber und trocken sind, in den letzten Jahrzehnten erheblich gestiegen.

Ich finde es recht verständlich, daß unsere Großmütter, die weder Waschmaschine noch Wegwerfwindeln hatten, viel Energie darauf verwandten, ihre Kinder möglichst früh sauber und trocken zu bekommen. Aber es spielten dabei auch noch andere Gründe eine Rolle. Das Beherrschen des Leibes durch den Willen galt im Rahmen einer körperfeindlichen Moral als eine kulturelle Leistung, die so früh wie möglich erreicht werden mußte. Wie früh das gelang, war ein Merkmal für die Qualität der mütterlichen Erziehung. Auch deshalb setzten Mütter ihren besonderen Ehrgeiz darein, ihre Kinder recht früh sauber zu bekommen.

Frühe Dressur ist sinnlos

Allerdings hat eine solche frühe Dressur vor Erreichen der notwendigen Reife wenig Sinn. Nur mit sehr viel Einsatz, der Betreuer und Kind unnütz strapaziert, ist so etwas wie eine Überempfindlichkeit der Reflexe zu erreichen, die das „Geschäft" häufiger in den Topf, seltener in die Windel gelangen läßt.
Dieser Dressurakt ist aber meist an sehr feste äußere Bedingungen gebunden – den eigenen Topf, die eigene Wohnung, ganz feste Zeiten ... Ändert sich etwas an diesen Bedingungen oder läßt der mütterliche Eifer nach, geht diese scheinbare Kontrolle oft noch wieder verloren.

... und schädlich

Seit langem aber weisen Psychologen und Pädagogen auf die möglichen Schäden hin, die zu frühe und rigorose Sauberkeitserziehung anrichten kann:

- Dem Kind wird eine Leistung abverlangt, die es willentlich noch nicht erbringen kann. Es muß regelmäßig auf dem Topf sitzen, ohne begreifen zu können, warum. Es sitzt dort nicht, weil es selbst sauber werden möchte, das können möchte, was auch die Älteren können, sondern weil die Eltern das wollen und von ihm verlangen - das ist Dressur, keine Erziehung. Das Kind wird willfährig, aber nicht selbständig.
- Wird das Kind bei Mißerfolg getadelt oder gar bestraft, muß es den Eindruck gewinnen, daß es den Eltern so, wie es ist, nicht recht ist. Dadurch leidet das Selbstwertgefühl, es kann verzagt, scheu und ängstlich werden.
- Wenn die Eltern in einem Alter, in dem das Kind das noch nicht nachempfinden kann, mit Abscheu auf vollgemachte Windeln reagieren, lernen Kinder, einen Teil ihrer selbst als schmutzig und unanständig zu erleben. Sie verlieren die unbefangene Freude am eigenen Körper, entwickeln vielleicht einen übertriebenen Ekel gegen alles „Schmutzige" - wagen zum Beispiel nicht mehr, mit Modder zu spielen, mit Knete, Ton oder Tapetenkleister zu hantieren. Sie können die widerwillige Reaktion der Eltern auf ihre Ausscheidungen auch leicht auf alles beziehen, was mit dieser Körperregion zu tun hat. Auch alles Sexuelle ist ihnen dann schmutzig oder unanständig, denn Ausscheidungs- und Sexualorgane sind nun mal sehr eng benachbart. (Umgekehrt lohnt sich für Eltern, die übertriebenen Abscheu vor den Ausscheidungen ihrer Kinder empfinden, die selbstkritische Frage, ob ihre eigene Sauberkeitserziehung oder ihre eigene Einstellung zur Sexualität dabei eine Rolle spielen könnte.)
- Eltern die ihre Kinder unbedingt sehr früh sauber haben wollen, müssen auf die Dressur dazu ein großes Gewicht legen. Der Topf, die Erfolge und Mißerfolge damit, werden für längere Zeit zum Mittelpunkt des Kinderalltags. Ein pfiffiges und weniger gefügiges Kind erkennt bald, welches Machtmittel sich ihm da bietet. Sobald es seine Ausscheidungen willkürlich beherrschen kann, kann es seine Eltern damit bestrafen oder belohnen, Trotz und Wut ausdrücken, indem es absichtlich in die Hosen macht.

  Wenn die Ausscheidungen derart im Mittelpunkt des Interesses stehen, wächst auch die Neigung, schwierige Probleme und Krisen durch unbeabsichtigtes Einnässen oder Einkoten auszudrücken. Deshalb sehen viele Psychologen einen Zusammenhang zwischen dem Einnässen älterer Kinder und zu früher und strenger Sauberkeitserziehung. Die Untersuchungsergebnisse dazu sind allerdings widersprüchlich.

Nichts davon muß eintreffen. Es kann auch sein, daß ein sehr früh auf Sauberkeit dressiertes Kind trotzdem fröhlich, selbstbewußt und problemlos heranwächst. Aber ist diese Nebensache Sauberkeit auch nur ein Risiko wert?

Sauberkeitserziehung

Es empfiehlt sich also, das mindestens Zweijährige erst regelmäßig auf den Topf zu setzen, wenn es Interesse daran zeigt, wenn man den Eindruck hat, es könne damit auch ziemlich bald Erfolg haben. Wer lieber länger wartet, versäumt nichts.

Es gibt günstige und ungünstige Zeiten für das Einüben der Blasenkontrolle. Für ein kleines Kind gibt es wenig Grund, sich in Kontrolle zu üben, wenn der Segen zu Winterszeiten wohlig warm in ein dickes Windelpaket läuft. Anders ist das im Frühling oder Sommer ohne Windeln in langen Baumwollhosen, die dann naß und kalt um die Beine klatschen. Also warten Sie getrost auf den nächsten Frühling! Danach sollte dann jeder Erfolg gebührend beachtet und dadurch die Aufmerksamkeit des Kindes darauf gerichtet werden. Mißerfolge verdienen keine besondere Beachtung, es wird sie selbstverständlich noch jahrelang geben, beim einen mehr, beim anderen weniger.

Wird die Prozedur des Topfsitzens mit Forderungen, mit Tadel oder gar Strafe bei Mißerfolg verbunden, bekommt sie für das Kind einen negativen Anstrich, so negativ unter Umständen, daß es sie ganz zu vermeiden versucht und lieber heimlich in die Hosen macht - weiter unten finden Sie ein Beispiel dazu.

Auf den Topf oder die Toilette zu gehen, sollte für ein Kind immer angenehm und unbelastet sein.

Manchmal sind es läppische Äußerlichkeiten, die ein Kind diese Situation meiden lassen:

- Es sitzt nicht gern allein im ungemütlichen Badezimmer - warum kann es nicht in einem anderen Zimmer auf dem Topf sitzen?
- Es langweilt sich - warum darf es nicht nebenbei spielen?
- Mit dem Kindersitz auf der großen Toilette fühlt es sich ausgeliefert, weil seine Füße in der Luft hängen. Man könnte ihm eine Fußbank davorstellen.

Kleine Kinder haben bei ihren ersten Erfolgen auch wenig Verständnis dafür, daß das so erfolgreich Hergegebene mit Widerwillen sogleich weggespült wird. Sie ekeln sich nicht vor ihren Ausscheidungen, finden sie sehr interessant, würden sie gern länger betrachten oder zur allgemeinen Bewunderung aufheben. Gehen Sie mit etwas Einfühlungsvermögen vor.

(Übrigens finden viele jüngere Kinder auch nichts dabei, mit dem Inhalt ihrer Windel zu spielen, ihn zu kneten oder auf die Umgebung zu verteilen. Sie können das elterliche Entsetzen darüber nicht verstehen. Sie zu schelten oder zu strafen wäre ungerecht - die einzig mögliche Abhilfe ist, sie nicht zu lange mit vollen Windeln sich selbst zu überlassen.)

Rückfälle

Eltern, deren Kind mit vielleicht drei Jahren tagsüber trocken war, sind oft recht verärgert, wenn es dann mit vier oder fünf Jahren zeitweise wieder in die Hosen macht. Sie halten das für eine ungerechtfertigte Nachlässigkeit.

Aber noch bei den Sechsjährigen ist dieses Beherrschen der Blase eine unfertige, leicht störbare Leistung. Rückfälle gibt es besonders bei Blasenreizungen durch Erkältung, aber auch, wenn das Kind seine Fähigkeit, den Harn anzuhalten, im Eifer des Spiels überschätzt. Es kann sich nicht trennen, zögert noch und noch ein bißchen, und wenn es dann endlich losrennt, ist es schon fast zu spät, das Malheur passiert kurz vor der Toilette, oft beim Herunterzerren der Hosen. Das Erlebnis dieser Mißerfolge ist das beste Regulativ für das Erreichen einer besseren Kontrolle. Schimpfen oder ständiges Mahnen ist ungerechtfertigt, macht nur bockig und behindert selbständiges Lernen.

Wie schwerwiegend Erziehungsfehler den Erwerb von Kontrolle über die Ausscheidungen stören können, möchte ich an einem Beispiel von Darmkontrolle zeigen, die ich ansonsten etwas vernachlässigt habe, weil sie im allgemeinen problemloser gelernt wird. Die pädagogischen Konsequenzen sind aber in beiden Fällen die gleichen.

Florian will nicht auf die Toilette

Florian ist jetzt drei Jahre alt. Noch immer macht er sein „großes Geschäft" in die Hosen, oft in kleinen Portionen über den ganzen Tag verteilt. Die Mutter wendet sich um Rat an eine Erziehungsberatungsstelle. Dabei berichtet sie über ihre Versuche, den Jungen sauber zu kriegen, folgendes: Als Florian gerade ein Jahr alt war, hat sie immer wieder versucht, ihn auf den Topf zu setzen. Florian hat sich stets mit Geschrei dagegen gewehrt. Sie hat zunächst im Guten alles mögliche ausprobiert, ihn dann mit Schimpfen und Strafen gezwungen, längere Zeit sitzenzubleiben. Es hat nichts gebracht. Auf den Rat einer Erzieherin hat sie es dann für eine Weile wieder gelassen. Mit zwei Jahren war Florian dann bereit, sich mit einem Kindersitz auf die große Toilette setzen zu lassen, leider ohne jeden Erfolg.

Aber oft machte er, kaum daß das Windelpaket wieder angelegt war, sein „Geschäft" in die Hose. Nachdem die Mutter ihn dafür immer wieder gescholten oder bestraft hatte, gewöhnte er sich an, in eine unbeobachtete Ecke unter den Tisch zu kriechen, um da in die Hosen zu machen.

Die nächsten Monate vergingen mit ständigen Versuchen der beiden, sich gegenseitig zu überlisten.

Dann rückte der Urlaub näher. Der Mutter, die mit Bekannten fahren wollte, lag sehr daran, sich nicht mit einem Kind, das noch immer in die Hosen machte, zu blamieren. Sie nahm Florian sehr ins Gebet, sie beschwor und drohte.

Und Florian machte im Urlaub nicht in die Hosen - er machte überhaupt kein „großes Geschäft" mehr - bis die Mutter es nach einer beträchtlichen Zahl von Tagen mit der Angst bekam. Sie machte dem Jungen einen Einlauf und zwang ihn danach, trotz heftigen Gebrülls so lange auf der Toilette zu sitzen, bis er Stuhlgang hatte. Das gleiche wiederholte sich in der nächsten Zeit noch mehrmals. Danach hatte Florian oftmals am Tage ein bißchen Kot in der Windel, nie besonders viel.

Nun wußte die Mutter überhaupt nicht mehr, was sie machen sollte und wandte sich an die Erziehungsberatung.

Bei diesem Erziehungsversuch ist so ziemlich alles danebengegangen. Die Mutter hatte einen starken Ehrgeiz, ihr Kind besonders ordentlich und gründlich zu erziehen. Beim ersten Versuch, ihn an den Topf zu gewöhnen, war Florian offensichtlich noch zu jung. Er hatte Angst vor dem Ding, und es war gut, daß die Mutter es zunächst wieder aufgab.

Beim zweiten Versuch war er anscheinend bereit, zu tun, was von ihm erwartet wurde. Aber er schaffte es nicht ganz. Das Erwartete kam zwar, aber nicht in der ungewohnten, noch immer etwas unheimlichen Situation, sondern bald hinterher, wenn alles wieder seine gewohnte Ordnung hatte. Kennen wir das nicht auch, daß uns in einer unsicheren Situation „alles vergeht?"

Hätte die Mutter in dieser Phase etwas mehr Geduld gehabt, wäre das Ganze sicher bald ausgestanden gewesen. Sie aber empfand die Tatsache, daß Florian kurz nachher in die Hosen machte, als persönliche Kränkung und reagierte entsprechend. Das verleidete dem Jungen die Toilette wieder ganz, und er machte jetzt bewußt in einer stillen Ecke in die Hosen.

Im Urlaub nun gerieten seine Aversion gegen die Prozedur auf der Toilette und sein ehrlicher Wunsch, der Mutter zuliebe nicht in die Hosen zu machen, so sehr in Konflikt miteinander, daß er den Stuhl ganz zurückhielt und eine hartnäckige Verstopfung entwickelte. Die Quälerei mit Einlauf und Zwangssitzen unter Gebrüll machte das Ganze vollends unerträglich, die Stuhlverhaltung wurde chronisch. Daß danach ständig kleine Mengen Stuhl unbemerkt abgingen, ist eine häufig zu beobachtende Folge. Florian konnte dafür nichts.

In der nachfolgenden Beratung lernte zunächst die Mutter, darüber nachzudenken, warum sie mit so viel Energie eine möglichst frühe Sauberkeit des Jungen erreichen wollte.

Sie mußte erkennen, daß Forderungen, Tadel und Strafen das Gegenteil von dem erreicht hatten, was sie erreichen sollten. Für Florian war zur Toilette gehen, seine Ausscheidungen beherrschen nur mit ängstigenden und sehr unangenehmen Konsequenzen verbunden, die er verständlicherweise zu vermeiden versuchte. Beide mußten einen völlig neuen Anfang machen, nachdem sie im Gespräch miteinander festgestellt hatten, daß bis jetzt alles falsch gewesen war.

Florian wurde mit Geduld in ganz kleinen Schritten wieder daran gewöhnt, sich freiwillig ohne Angst auf die Toilette zu setzen. Jeder kleine Schritt in dieser Richtung wurde erfreut zur Kenntnis genommen, aber nichts gefordert, nicht gedrängt oder gemahnt. Er durfte sich selbst einen schönen neuen Toilettensitz aussuchen, bekam ein Fußbänkchen vor die Toilette und auf Wunsch einen großen Spiegel, dann blieb er, weil er das gern so wollte, völlig unbehelligt allein. Zunächst passierte dabei längere Zeit gar nichts. Erst als er sich daran gewöhnt hatte, seine Mutter nicht mehr als Fordernde und Strafende, sondern als Verbündete anzusehen, machten sie gemeinsam einen Plan, den „Stinker" zu überlisten. Und schließlich hatten sie auch Erfolg damit. Es hat sehr lange gedauert - sicher viel länger, als wenn die Mutter einfach abgewartet hätte.

Ausdruck seelischer Probleme?

Eltern, deren Kind mit vier, fünf oder noch mehr Jahren noch immer oder auch wieder in die Hosen macht, werden häufig der Meinung begegnen, dieses Kind müsse seelische Probleme haben, denen es unbewußt in dieser Weise Ausdruck gebe.

Es ist naheliegend, daß so diffizile Steuerungsvorgänge, die, wie ich beschrieben habe, noch lange unsicher sind, leicht durch seelische Belastung aus dem Gleichgewicht geraten. Daß das seelische Befinden sich auch auf körperliche Funktionen auswirkt, ist noch an vielen anderen Beispielen belegbar. Sprichwörtlich bekannt ist auch, daß man sich „vor Angst in die Hosen machen" kann.

Die klassische Situation, in der viele Kinder, die bereits sauber waren, wieder in die Hosen machen, ist die Geburt eines Geschwisterkindes. Das Ältere reagiert verunsichert auf die intensive Zuwendung, die die Eltern dem hilflosen Neugeborenen zukommen lassen. Es fällt auch sonst in seiner Entwicklung zurück, nuckelt wieder oder mehr als vorher, spricht schlechter. Es scheint unbewußt nach dem Motto zu reagieren: „Wenn ich auch wieder kleiner und hilfloser werde, müßt Ihr Euch auch mit mir mehr beschäftigen." Größer zu werden scheint auf einmal kein Vorteil mehr zu sein.

Aber es gibt auch viele andere Anlässe, die zum erneuten Einnässen führen können: ein Krankenhausaufenthalt, die Trennung der Eltern, Probleme im Kindergarten oder in der Schule, ja selbst bei manchen Erwachsenen noch die gewaltsame Trennung von Heimat und Familie oder wieder auftauchende Kindheitsprobleme, die nie bewältigt wurden.

Keine wissenschaftlich haltbaren Belege gibt es für die eher symbolische Deutung speziell des Einkotens, die es mit Konflikten um besitzen wollen und hergeben müssen in Beziehung setzen möchte.

Nach den Erfahrungen von Erziehungsberatern sind lange einnässende Kinder oft scheu und ängstlich und wenig selbstbewußt. Allerdings ist das mit großer Wahrscheinlichkeit nicht Ursache, sondern Folge des langen Einnässens. Die Kinder beginnen, sich für ihr „Versagen" zu schämen, die Eltern machen Vorwürfe oder zeigen sich zumindest verunsichert und besorgt. Viele schwanken zwischen Nachsicht und Strenge. Das Kind lebt zurückgezogen, weil es Angst hat, woanders zu übernachten, meidet auch Ausflüge oder andere Unternehmungen, bei denen es fürchten muß, ihm könnte ein Malheur passieren. Dadurch wird es leicht zum Außenseiter. Es gerät in einen Teufelskreis aus Rückfällen und Entmutigung. Ein Rückfall macht es wieder traurig und mutlos, Entmutigung wiederum ist der Nährboden für weitere Fehlschläge.

Einem solchen Kind hilft es oft schon, wenn es auf einem Kalender jede Nacht ohne Malheur mit einem Bildchen markieren kann. Die anderen Felder bleiben einfach leer. Das lenkt seine Aufmerksamkeit mehr auf die Erfolge, als auf die Mißerfolge, macht ihm wieder Mut, erst recht, wenn es allein durch diese Ermutigung langsam mehr werden.

Diese andere Sichtweise ist oft auch heilsam für die Eltern. Denn auch die Aufmerksamkeit der Eltern ist oft zu stark auf das

Einnässen des Kindes konzentriert. Seine positiven Möglichkeiten und Leistungen werden viel weniger beachtet als dieser eine Mißerfolg. Das Kind wird zum Sorgenkind. Hat es aber den Eindruck, daß nur dieser Sorgenkindstatus ihm die Zuwendung und Aufmerksamkeit bringt, die es so gern haben möchte, kann das das weitere Einnässen noch fördern.

Es kann sogar sein, daß das einnässende Kind unbewußt durch die Bedürfnisse anderer Familienmitglieder in diesem Sorgenkindstatus festgehalten wird. Durch ihr Verhalten verfestigen sie das Symptom, anstatt es zu bessern. In die Überlegung, warum ein Kind so lange ins Bett macht, müssen deshalb auch die Einstellungen und Reaktionen der Menschen in seiner Umgebung einbezogen werden.

Nicht jedes hat Probleme

Daß verschiedene Zusammenhänge psychologischer Art bei langem Einnässen eine Rolle spielen können, heißt wiederum nicht, daß jedes Kind, das ungewöhnlich lange ins Bett oder in die Hosen macht, seelische Probleme haben muß. Ich errinnere an das, was ich weiter oben über die israelischen Kibbuz-Kinder geschrieben habe.

Oft hat so ein Kind nur nicht gelernt, das Signal „ich muß mal“ ausreichend stark zu erleben, ausreichend wichtig zu nehmen. Vielleicht ist es durch allzu wohlmeinende Erwachsene daran gehindert worden, die es ständig „auf Verdacht“ zur Toilette geschickt haben, obwohl es gar keinen Drang verspürte.

Wer seinem Kind bei der Erreichung der Blasenkontrolle helfen möchte, sollte es nicht auffordern, zur Toilette zu gehen. Er kann es höchstens hin und wieder fragen, ob es nicht mal gehen müsse, um es so auf seine eigenen Empfindungen aufmerksam zu machen.

Eine unnütze Einschränkung ist es auch, Kinder, die oft nachts ins Bett machen, abends vom Trinken abzuhalten. Diese Kinder haben oft eine untrainierte Blase, die schon bei kleinen Flüssigkeitsmengen mit Spannung reagiert. Da das Kind den Spannungszustand nicht als Weckreiz erlebt, entleert sich die Blase automatisch. Trinkt ein Kind abends sehr viel, wird die Blasenspannung stärker und die Chance, daß es davon aufwacht, größer.

Solange das Kind, das weit über die übliche Zeit hinaus nachts ins Bett macht, munter, selbstbewußt und fröhlich ist, die Eltern ganz gelassen bleiben und kein Problem darin sehen, solange nicht die weiter oben beschriebenen Folgeprobleme auftauchen, ist es nicht verkehrt, einfach abzuwarten. Denn jedes gesunde Kind wird eines Tages sauber. Kommt das Kind aber ins Schulalter, sind solche Folgeprobleme spätestens bei der ersten Klassenfahrt zu erwarten – dem sollte rechtzeitig vorgebeugt werden.

Sich beraten lassen

Bringen Eltern die notwendige Gelassenheit nicht auf, sind sie ärgerlich, besorgt, verunsichert, treten Folgeprobleme auf, dann sollten sie zu einer Beratungsstelle gehen.

Hier wird man ihnen als erstes wahrscheinlich raten, das Kind sicherheitshalber von einem Facharzt untersuchen zu lassen. Dann werden wahrscheinlich die familiären Beziehungen und das Erziehungsverhalten der Eltern gemeinsam erörtert, Veränderungen besprochen.

Trainingsapparat

Dem Kind, das nachts durch die Blasenspannung nicht wach wird, kann mit einem Trainingsapparat geholfen werden. Er besteht aus einem Kontaktlappen in der Hose, einem Gurt zur Schulter und einem Summer, der auf der Schulter des Kindes sitzt. Schließt sich durch die ersten Tropfen, die das Kind in die Hose macht, ein elektrischer Kontakt, beginnt es auf seiner Schulter zu summen. Das Kind muß aufstehen, zur Toilette gehen und findet dort dann einen Schlüssel, mit dem es das Gerät wieder abschalten kann. Da es auf diese Weise regelmäßig geweckt wird, wenn die Blase zum Überlaufen gespannt ist, lernt es mit der Zeit, schon auf diese Spannung hin aufzuwachen und zur Toilette zu gehen. Dadurch wird der Weckapparat wieder überflüssig.

Da die Behandlungserfolge mit diesem Gerät recht überzeugend sind, werden die Kosten von den Krankenkassen übernommen. Fragen Sie vor Behandlungbeginn bei Ihrer Kasse nach.

Der von einigen Therapeuten geäußerte Verdacht, hier werde nur ein Symptom wegkuriert, aber die seelischen Ursachen blieben unberücksichtigt, ist nicht stichhaltig. Erstens steht dem nichts im Wege, parallel zu diesem Training auch über psychologische Zusammenhänge nachzudenken, so wie ich es auch zu beschreiben versucht habe. Zweitens gibt die Tatsache, hier eine wirksame Hilfe zu haben, vielen Eltern und Kindern neuen Mut, hilft ihnen, besser miteinander auszukommen, die beschriebenen Folgeprobleme abzubauen.

Sind die Kinder mit Hilfe des Apparates trocken geworden, geht es ihnen auch seelisch besser.

Die Geschichte vom Zappelphilipp

Lena ist sehr aktiv

Lena ist zwei Jahre alt. Sie hält ihre Mutter fast rund um die Uhr in Bewegung. Sie ist die erste, die morgens aufwacht, sie ist auch noch aktiv, wenn die Mutter abends schon todmüde ist und wartet, daß sie endlich einschläft. Dabei hält sie schon seit einiger Zeit keinen Mittagsschlaf mehr. Solange sie wach ist, ist sie ständig in Aktion. Sie rennt, springt, klettert und kreischt dabei oft vor Vergnügen. Aber sie kann auch sehr laut und wütend schreien, wenn es nicht nach ihrem Kopf geht.

Mit der Nachbarin gibt es wegen Lena ständig Ärger. Sie meint, das sei doch „nicht normal", daß ein Kind so viel und so ausdauernd Lärm mache. Sicher werde es nicht richtig erzogen oder komme zu wenig an die frische Luft.

Lenas Mutter möchte solchen Ärger gern vermeiden. Manchmal läuft sie mit dem Kind stundenlang durch den Park. Wenn sie beide nach Hause kommen, ist sie völlig erschöpft – Lena nicht! Was soll sie bloß machen?

Das Problem liegt nicht bei Lena. Sie fühlt sich wohl, sie sprüht vor Leben und ist kerngesund. Gereizt und wütend ist sie nur, wenn man ihre Unternehmungslust zu bremsen versucht.

Das Problem liegt auch nicht bei Lenas Mutter. Sie findet ihre Tochter zwar sehr anstrengend, aber auch erfrischend in ihrer Lebendigkeit. Besonders anstrengend ist es, daß sie sie ständig von etwas abhalten muß, was allzu störend oder gefährlich ist. In der Wohnung, auf der Treppe, im Hof macht sie zuviel Krach, vor dem Haus besteht ständig die Gefahr, daß sie in blindem Eifer auf die Straße rennt.

Unnormal ist nicht Lena, unnormal sind die Bedingungen, unter denen sie lebt. Sicher, die meisten Kinder sind weniger quirlig, leichter zu handhaben, schlafen länger. Aber es gibt eben immer Kinder, die nach der einen oder anderen Richtung vom Gros der anderen abweichen – aber auch sie sind normal. Nur sind unsere Wohnungen, unsere Spielplätze und Straßen auf lebhafte Kinder nicht eingerichtet, auf Wildfänge wie Lena schon gar nicht. Lenas Verhalten stört – „verhaltensgestört" ist sie deshalb noch lange nicht!

Was ist „überaktiv"?

Was jemand als zu aktiv, als überaktiv empfindet, hängt auch von seinem eigenen Temperament, seinen eigenen Erfahrungen ab, von dem, was er von einem Kind erwartet.

Bleiben wir noch einmal bei unserem Beispiel:

Die Nachbarin, eine sehr ruhige alte Dame, die vor vielen Jahren ein einzelnes, ebenfalls sehr ruhiges Kind gehabt hat, mag meinen, sie verstünde etwas von Kindern, aber ein Kind wie Lena sei „nicht normal".

Die Mutter, die sich erinnern kann, selbst ein strapaziöser Wildfang gewesen zu sein, ist eher geneigt, das hinzunehmen.

Ihr Freund, Sportlehrer von Beruf, dem sein eigener Sohn viel zu phlegmatisch ist, hat an diesem ständig hüpfenden Kind oft seine helle Freude.

Unkonzentriertheit

Nun ist es vielfach nicht nur das Maß an Aktivität, das Eltern an ihren Kindern stört, sondern auch ihre Unfähigkeit, längere Zeit bei einer Sache zu bleiben. Beides zusammen – eine überschießende Aktivität und ein Mangel an Konzentration – erscheinen ihnen als ernstzunehmende Störung. Aber ist es das wirklich?

Die gerade dreijährige Jennifer spielt auf dem Balkon. Sie will aus großen Hohlbausteinen ein Haus für den Teddy bauen. Eine Reihe hat sie um den Teddy herumgelegt. Dann läuft sie weg – hat Durst, möchte etwas trinken. Sie kommt zurück, noch ein paar Steine. Der Teddy sitzt ja auf dem kalten Zement! Sie geht und holt ihm eine Decke. Auf dem Sessel sitzt die Katze, die muß sie ein bißchen streicheln. Inzwischen ist die Sonne weitergezogen – der Teddy soll aber nicht im Schatten sitzen. Das Haus wird umgebaut. Da fliegt ein Vogel vorbei – wo ist der denn hingeflogen? Das Haus wächst wieder ein Stück. Ob der Teddy auch Durst hat? Sie holt ihm ein Täßchen mit Milch.

So spielt Jennifer noch eine Weile. Ein Dach für das Haus findet sie nicht – ist auch besser, sonst wird es für den Teddy zu dunkel.

So „fahrig" ihr Spiel einem Erwachsenen erscheinen mag – für ihr Alter spielt Jennifer konzentriert und ausdauernd. Sie bleibt nicht länger als Minuten hintereinander bei dem, was sie sich vorgenommen hat, kehrt aber immer wieder trotz Ablenkungen dahin zurück. Ihr Interesse wird auch noch von anderen Dingen in ihrer Umgebung angezogen, aber der Teddy und sein Haus gewinnen immer wieder die Oberhand.

Kleine Kinder können noch nicht willentlich alles andere ausblenden, um bei einer Sache zu bleiben. Ihre Aufmerksamkeit muß von den Dingen eingefangen werden.

Vielfach müssen wir Erwachsenen die Kinder auch darin trainieren, nicht um einer Sache willen alles andere zu vergessen:

- sie sollen auch beim Spielen auf Radfahrer und Fußgänger achten;
- sie sollen auch im Park aufpassen, daß sie die Eltern nicht verlieren;

- später sollen sie immer die Uhr im Kopf haben, dürfen nicht vergessen, rechtzeitig nach Hause zu gehen.

Insbesondere Stadtkinder sind sehr auf diese Fähigkeit zu geteilter und weit gestreuter Aufmerksamkeit angewiesen. Das mag für ihre Fähigkeit zur Konzentration nachteilig sein.

Erzieherinnen und Lehrerinnen klagen oft, unsere Kinder könnten sich nicht konzentrieren. Ob sie das besser könnten, wenn sie dazwischen mehr Gelegenheit hätten, sich ohne Kontrolle und Reglement auszutoben?

Konzentration muß auch erwachsen aus Interesse für eine Sache. Ob das, was wir in Kindergarten und Schule von ihnen erwarten, für Kinder wirklich interessant ist?

Konzentration verlangt auch innere Ruhe und Gelassenheit. Ob wir nicht manchmal mit unseren vielfältigen Forderungen die Kinder so unter Druck setzen, daß Ruhe und Gelassenheit nicht aufkommen können?

Der Zappelphilipp

Das Mißfallen der Erwachsenen über die Zappeligkeit der Kinder ist keine neue Erscheinung. Schon 1847 hielt der Arzt Dr. Heinrich Hoffmann sie für eine der häufigsten kindlichen Untugenden und nahm deshalb die Geschichte vom Zappelphilipp in seinen Struwwelpeter auf:

„Ob der Philipp heute still
Wohl bei Tische sitzen will?“
Also sprach in ernstem Ton
Der Papa zu seinem Sohn,
Und die Mutter blickte stumm
Auf dem ganzen Tisch herum.
Doch der Philipp hörte nicht,
Was zu ihm der Vater spricht.
Er gaukelt
Und schaukelt,
Er trappelt
Und zappelt
Auf dem Stuhle hin und her,
„Philipp, das mißfällt mir sehr!“

Die Art der Erwachsenen, mit dieser Zappeligkeit umzugehen, hat sich freilich geändert. Zu Hoffmanns Zeiten versuchte man der vermeintlichen Unart mit drastischen Drohungen vor bösen Folgen zu begegnen.

Eine Krankheit?

Heute sind manche geneigt, darin eine geheimnisvolle moderne Krankheit zu sehen, der man vielleicht mit einem Medikament oder einer Diät beikommen könnte. Damals wie heute aber sah oder sieht man damit als Verursacher des Problems das Kind – das Kind muß sich ändern, das Kind muß behandelt werden.

Ich habe Gründe genug aufgezählt, die das beim Gros der sehr aktiven und wenig konzentrierten Kinder zweifelhaft erscheinen lassen.

Aber bleibt nicht doch ein gewisser Prozentsatz von Kindern übrig, deren Zappeligkeit ein Ausmaß annimmt, dem man Krankheitswert beimessen muß, die der Behandlung bedürfen?

Vor etwa 30 Jahren hat man der „Störung“ einen Namen gegeben - man nannte sie *Hyperaktivität.* In den USA ist auch noch der Begriff *ADD,* **A**ttention **D**eficit **D**isorder, gebräuchlich, der nicht die extreme Zappeligkeit der Kinder in den Mittelpunkt stellt, sondern ihre Unfähigkeit, sich zu konzentrieren. Als *ADS,* **A**ufmerksamkeits-**D**efizit-**S**törung, bürgert er sich mehr und mehr auch bei uns ein.

Seit diese Begriffe erfunden wurden, werden sie immer häufiger verwendet. In den letzten Jahren wurden mancherorts bis zu 15% aller Kinder, um ein Vielfaches mehr Jungen als Mädchen, als „hyperaktiv“ bezeichnet. Ob wirklich das Aktivitätsniveau der Kinder so zugenommen hat oder nur die Neigung der Ärzte und Psychologen, eine solche Diagnose zu stellen?

In den USA gehen Studien von etwa 5 bis 10% hyperaktiver Kinder aus, in Großbritannien von weniger als 1%. Sind amerikanische Kinder wirklich so viel häufiger hyperaktiv, oder wird dort nur mit der Diagnose anders umgegangen?

Dr. Eric Taylor, Dozent für Kinder- und Jugendpsychiatrie in London, der sich besonders mit dem Problem hyperaktiver Kinder befaßt, hält es für wünschenswert, daß der Begriff „hyperaktiv“ (oder auch „hyperkinetisch“) nur für die weniger als 1% aller Kinder verwendet wird, deren Aktivität so chaotisch, wenig zielgerichtet und überschießend, deren Unfähigkeit, sich auf etwas zu konzentrieren, so extrem ist, daß hier wirklich von einer beim Kind vorliegenden Störung ausgegangen werden muß.

Aber selbst wenn die Diagnose nach strengen Kriterien berechtigt ist, ist damit noch nicht viel gewonnen. Denn hier wird allein nach dem äußeren Erscheinungsbild unter einem Begriff zusammengefaßt, was die unterschiedlichsten Ursachen haben kann. Damit wird eine Klarheit und Eindeutigkeit vorgetäuscht, die es überhaupt nicht gibt. Das gemeinsame Etikett weckt Hoffnungen auf ein gemeinsames, einfaches Heilmittel. Es verbaut den Blick dafür, daß jeder Konflikt um die hektische Betriebsamkeit eines Kindes andere Ursachen haben kann, denen auch anders begegnet werden muß.

Mögliche Ursachen

Welches können die Ursachen einer solchen Störung sein? Es gibt mehrere Möglichkeiten, aber noch kaum klar bewiesene Zusammenhänge. Man wird auch selten die eine Ursache finden, häufiger das Zusammenwirken mehrerer verschiedener vermuten. Sie können körperlicher oder psychischer Natur sein, oder - wahrscheinlich - beides.

Fabian kommt nicht zur Ruhe

Fabian ist fünf. Er geht in die Vorschule. Es gibt ständig Ärger mit ihm. Er kann sich nicht fünf Minuten ruhig mit etwas beschäftigen. Aber immer wieder stiftet er die anderen Kinder zu gefährlichen Dummheiten an. Die Erzieherinnen müssen ständig auf ihn aufpassen. Sie sind deshalb ihm und seinen Eltern gegenüber recht gereizt. Zwischen den Eltern gibt es seinetwegen ständig Streit. Der Vater versucht es mit Strenge und Strafen. Ruhiger wird Fabian dadurch nicht, eher immer aggressiver.

Die Stiefmutter versucht es mit Nachsicht und Verständnis. Aber oft genug tanzt ihr Fabian auf der Nase herum. Das nimmt sie ihm besonders übel, muß sie sich doch seinetwegen ständig mit ihrem Mann und den Erzieherinnen anlegen. Manchmal überlegt sie, ob sie sich von ihm und seinem Vater wieder trennen sollte.

Fabian spürt, daß ihn keiner unter den Erwachsenen vorbehaltlos lieb hat. Das macht ihn immer umtriebiger, immer hektischer. Langsam begegnet er jedem mit Mißtrauen, läßt sich mit jedem in Machtkämpfe ein. Unter den Kindern sucht er nach Verbündeten, aber auch die Kinder mögen ihn nicht.

Alle Erwachsenen arbeiten gegeneinander, anstatt sich zu unterstützen. Sie schieben sich gegenseitig die Schuld an Fabians Verhalten zu. Wie soll Fabian da zur Ruhe kommen?

Es ist durchaus möglich, daß die familiäre Situation allein dieses Kind so schwer verstört hat. Aber auch, wenn sich noch weitere Ursachen für seine Hyperaktivität finden, wird ihm kaum zu helfen sein, wenn nicht gleichzeitig die sozialen Bedingungen, unter denen es lebt, verändert werden.

Entwicklungsverzögerung

Bei den meisten betroffenen Kindern scheint eine Entwicklungsverzögerung vorzuliegen, die auch noch an anderen Fähigkeiten feststellbar ist. Diese Kinder lernen oft auch spät sprechen und bleiben in ihrem Sprachverständnis hinter den anderen zurück. Sie können sich nicht konzentrieren, begreifen langsamer, kommen nicht gut mit gleichaltrigen Kindern zurecht.

Hyperaktiv wirkt so ein Sechsjähriges, wenn man es mit Kindern seines Alters vergleicht. Sechsjährige sind im allgemeinen schon viel ruhiger. Bei Dreijährigen aber ist ein sehr hohes Aktivitätsniveau und eine schwankende Aufmerksamkeit völlig normal. Ist ein Kind also in seiner Entwicklung gegenüber Altersgenossen zurück, benimmt es sich wie ein normales etwa zwei oder drei Jahre jüngeres Kind, wirkt es „unnormal“ in seiner Aktivität.

Bei den meisten dieser Kinder gleicht sich die Verzögerung in der weiteren Kindheit auch ohne Behandlung aus. Selbst wenn sie in der Schule große Probleme hatten, haben sie die im Beruf oft nicht mehr. Zum einen scheinen die meisten mit dem Alter ruhiger zu werden, ihre Entwicklungsverzögerung aufzuholen, zum anderen haben selbst die, die weiter überaktiv und unkonzentriert bleiben, im Beruf bessere Chancen, ihrer Eigenart entsprechend zu leben und zu arbeiten. Große Aktivität kann im Berufsleben auch von Vorteil sein.

Stoffwechselstörung im Gehirn

Bei manchen Kindern scheint die Hyperaktivität durch einen Mangel an bestimmten Neurotransmittern im Gehirn verursacht zu sein, das sind Botenstoffe, die für die chemische Weiterleitung von Reizen zwischen den Gehirnzellen verantwortlich sind. Hierbei scheint Vererbung eine Rolle zu spielen. Diesen Kindern kann es helfen, wenn ihnen stimulierende Medikamente gegeben werden, die diesen Mangel ausgleichen.

MCD

Eine weitere Ursache hyperaktiven Verhaltens von Kindern kann eine geringfügige Funktionsstörung des Gehirns sein, die zum Beispiel durch Erkrankung vor, während oder kurz nach der Geburt entstehen kann. Man nennt sie im Deutschen *MCD,* **M**inimale **C**erebrale **D**ysfunktion, im Englichen *MBD,* **M**inimal **B**rain **D**ysfunction. Kinder mit einer solchen Störung fallen meistens auch auf durch ihre motorische Ungeschicklichkeit. Sie stolpern und fallen ständig, werfen oft etwas um, können schlecht zeichnen, bauen, mit der Schere umgehen, sich anziehen oder knöpfen. Manche haben auch Probleme, Sinneseindrücke zu sortieren, Geräusche auseinanderzuhalten oder einen fliegenden Ball aufzufangen.

Allerdings ist auch hier die Definition keineswegs eindeutig. Man muß dazu auch wissen, daß nahezu jedes Gehirn bei sehr genauer Untersuchung irgendwo geringfügig von der optimalen Funktion abweicht. Nur führt das im allgemeinen nicht zu Verhaltensauffälligkeiten, weil es als persönliche Eigenheit angesehen wird oder der Betroffene lernt, geringfügige Unsicherheiten zu kompensieren.

Die Hyperaktivität eines Kindes auf eine Störung im Gehirn zurückzuführen birgt die Gefahr, daß so ein Kind als behindert abgestempelt wird, weil man dagegen ja wohl nichts tun könne. Später lernt vielleicht gar das Kind selbst, diese Behinderung als Alibi zu benutzen. Dabei kann durch geduldiges Üben der Mangel fast immer gebessert oder ganz ausgeglichen werden. Die schweren Schäden entstehen oft erst sekundär durch Ungeduld, Überforderung oder soziale Isolierung.

Als weitere mögliche Verursacher von Hyperaktivität bei Kindern stehen *Umweltgifte,* insbesondere Blei, und Zusatzstoffe zu Nahrungsmitteln in Verdacht.

Blei

Bleibelastungen aus der Umwelt könnten ein mitverursachender Faktor für Hyperaktivität sein. Der Mensch nimmt es zu sich aus bleihaltigen Wasserrohren, Konserven, mit der Atemluft aus Benzin, Industrieabgasen oder abblätternden alten Farbanstrichen. Niemand scheint so recht zu wissen, welche Bleikonzentration noch erträglich ist.

Zusatzstoffe in Nahrungsmitteln

Eltern, die den Eindruck haben, ihr Kind reagiere mit seiner Hyperaktivität allergisch auf ein bestimmtes Nahrungsmittel, einen bestimmten Zusatzstoff, können das nachprüfen, indem sie das Verdächtige für einige Tage völlig weglassen. Wird das Kind dadurch ruhiger, konzentrierter, weniger aggressiv, prüfen sie ihre Beobachtung nach, indem sie es dem Kind noch einmal für kurze Zeit geben. Wird es darauf prompt wieder hektischer, spricht das für eine Allergie, und sie sollten diesen Stoff in Zukunft meiden.

Aber nur in ganz seltenen Fällen wird sich ein so einfacher und eindeutiger Zusammenhang ergeben.

Schwerhörigkeit

Manchmal können auch körperliche Erkrankungen, zum Beispiel nicht erkannte Hörfehler, Kinder hyperaktiv machen, wahrscheinlich, weil sie zu ständigen Überforderungen führen und dadurch die Kinder unter Streß setzen. Kinder mit häufigen Mittelohrentzündungen zum Beispiel sind dadurch oft wochenlang schwerhörig. Wurde ihr Gehör in einer erkältungsfreien Zeit überprüft, wird dieser Faktor leicht übersehen. Eine solche Vermutung liegt nahe, wenn Eltern den Eindruck haben, daß das Kind nach jeder Erkältung noch viel hektischer ist als sonst.

Aber es sei zusammenfassend noch einmal gesagt, daß nur bei einem ganz geringen Teil aller hyperaktiven Kinder solche eindeutigen Zuordnungen zu einer Störung im Gehirn, einer Vergiftung, einer Nahrungsmittelallergie, einem Hörfehler gelingen werden. Solche physiologischen Ursachen sind auch selten die einzigen, meistens wird man das Zusammenwirken mehrerer, auch psychischer und sozialer Faktoren annehmen.

Kein Mangel an Intelligenz

Eines sollte vielleicht noch ausdrücklich erwähnt werden: Das hyperaktive Kind ist meistens nicht weniger intelligent als seine Altersgenossen, es wird nur durch seine Umtriebigkeit und Unfähigkeit zur Konzentration am Lernen gehindert.

Was tun?

Was können Sie nun tun, wenn Sie so ein über die Maßen aktives und unkonzentriertes Kind haben?

Lassen Sie nicht zu, daß Ihrem Kind vorschnell ein „Etikett" angeheftet wird. Denn mit der so wissenschaftlich klingenden Bezeichnung „hyperaktiv" ist zunächst überhaupt nichts gewonnen - weder sagt sie etwas aus über die Verursachung, noch über die notwendige Art der Behandlung. So ein „Etikett" aber läßt befürchten, daß die Umgebung damit den „Schwarzen Peter" dem Kind zuschiebt - das Kind ist krank, das Kind muß behandelt werden, das Kind muß sich ändern. Ich habe zu zeigen versucht, daß diese Sicht falsch ist.

Selbst wenn Verursachungsfaktoren mit Krankheitswert gefunden werden sollten, entscheiden doch die Reaktionen der Umwelt recht weitgehend mit darüber, wie das Kind lernt, mit seinem Problem zurechtzukommen.

Keine Angst vor der Zukunft

Für die Eltern ist die größte Belastung womöglich die Angst, ihr Kind leide an einer geheimnisvollen Behinderung, die es für sein ganzes Leben beeinträchtigen werde. Nach der Erfahrung des schon zitierten Dr. Eric Taylor wachsen die meisten überaktiven Kinder auch ohne Behandlung zu ganz normalen Erwachsenen heran. Die schwerste Zeit haben sie meistens in der Schule, in der ihre Unruhe und der Mangel an Konzentration besonders negativ auffallen. Aber mit dem Heranwachsen werden die meisten immer konzentrierter und ruhiger. Allerdings können die Schulprobleme leicht Spätfolgen in Form von schlechten Zeugnissen oder sozialer Diskriminierung hinterlassen, an denen dann auch noch der Herangewachsene zu tragen hat.

Viele haben in der Berufsausbildung die Probleme nicht mehr, die sie in der Schule hatten. Selbst wenn sie auch als Erwachsene noch überaktiv und schlecht konzentriert bleiben, können sie durch die richtige Berufswahl hier manches ausgleichen - wenn sie einen Beruf wählen, in dem sie relativ unabhängig arbeiten können, und wenn sie mit toleranten Erwachsenen zu tun haben, die ihre Stärken zu schätzen wissen.

Folgeprobleme vermeiden

Bis dahin dürfte das Wichtigste sein, möglichst viele Folgeprobleme zu vermeiden, die das Verhalten dieser Kinder oft nach sich zieht.

Extrem lebhafte Kinder ecken in der Nachbarschaft und im Kindergarten meistens an, weil sie soviel Lärm machen, sich oder andere gefährden, das Spiel der anderen stören. Aber erst die Erfahrung, daß sie abgelehnt und ausgegrenzt werden, in die Rolle des Sündenbockes gedrängt werden, macht sie aggressiv oder läßt sie zu Außenseitern werden.

Es ist allerdings auch keine Lösung, sie aus Angst vor solchen Konflikten vorwiegend zu Hause zu behalten. Denn sie brauchen Spielkameraden, brauchen die Erfahrungen in der Kindergruppe, um die oft vorhandene Entwicklungsverzögerung aufholen zu können. Und ihre besonders strapazierten Mütter brauchen Zeiten, in denen sie sich von ihnen erholen können.

Nicht für „ungezogen" halten

Es ist viel gewonnen, wenn es Ihnen gelingt, das Verhalten Ihres quirligen Kindes nicht als „ungezogen" anzusehen und zu behandeln. Denn wenn Sie es schelten oder gar strafen, wird es nur noch schlimmer. Das Kind, das nicht anders sein kann, als es ist, sich dafür aber abgelehnt oder ungeliebt fühlt, wird nur noch hektischer werden.

Für „Ungezogenheit" von Kindern pflegen Eltern sich für gewöhnlich zu schämen, glauben sie doch, daß ihr Erziehungsverhalten Schuld daran ist. Erst wenn Sie die Überaktivität als gegebene und unverschuldete Tatsache annehmen, wird es Ihnen auch gelingen, Ihr Kind zeitweise anderen zuzumuten, so wie es eben ist. Aber sollten Sie, wenn Sie einen Kindergruppenplatz suchen, auswählen können, versuchen Sie eine kleine Gruppe zu finden mit Erzieherinnen, die bereit sind, sich auf die besonderen Probleme von Kindern einzustellen.

Im Folgenden soll noch einiges aus psychologischer Sicht zu den Methoden gesagt werden, mit denen als hyperaktiv angesehene Kinder üblicherweise behandelt werden.

Helfen Diäten?

Eine Diät hat selbstredend nur dann Aussicht auf Erfolg, wenn die vermutete Ursache für die extreme Aktivität des Kindes eine Nahrungsmittelallergie ist. Aber nur ganz selten werden sich so eindeutige Zusammenhänge finden, wie ich sie bei der Frage nach den Ursachen beschrieben habe - daß das kurzzeitige Weglassen eines verdächtigten Nahrungsmittels schnelle Besserung bringt, das erneute Hinzufügen prompt den alten Zustand wiederherstellt.

Wenn Sie keinen festen Verdacht haben, müssen Sie - mit Hilfe eines Arztes - anders vorgehen. Sie müssen aus der Nahrung des Kindes alles weglassen, was je bei anderen Kindern Allergien ausgelöst hat oder in einem solchen Verdacht steht. Wirkt dieser Diätplan, wird ein Nahrungsmittel nach dem anderen langsam wieder zugelassen, solange sich der Zustand des Kindes dadurch nicht verschlimmert.

Kritiker radikaler Diäten befürchten, daß durch die zunächst sehr einseitige Ernährung leicht Mangelerscheinungen auftreten können. Deshalb sollten sie nie ohne fachkundigen Rat begonnen werden.

Solche radikalen Diäten machen auch viel Mühe, weil fast alle Nahrung aus frischen und unbehandelten Rohstoffen selbst hergestellt werden muß und dem Kind ständig Einschränkungen auferlegt werden müssen. Um so größer ist dann die Enttäuschung, wenn die erhoffte Wunderwirkung ausbleibt oder nach Anfangserfolgen bald alles wieder beim alten ist. Solche Anfangserfolge sind oft eher ein psychologischer Effekt, entstehen durch die Aufmerksamkeit, die alle dem Problem zuwenden, den Optimismus und die Zuversicht, die Lösung gefunden zu haben. Sie sollten nicht mit übertriebenen Hoffnungen an einen solchen Diätversuch herangehen.

Medikamente?

Wird ein Kind erst einmal mit der Diagnose „hyperaktiv" versehen, werden ihm meist auch Medikamente verschrieben. Auch das ist ein wichtiger Grund, diese Diagnose wirklich auf eine sehr kleine Zahl extremer Fälle zu beschränken.

Die Gefahren vorschneller Medikamentenverschreibung sind zweifache: Zum einen haben fast alle Medikamente leichte oder schwerere Nebenwirkungen auf die körperliche und seelische Verfassung des Kindes. Im Falle der bei Hyperaktivität meist verordneten Stimulantien geht es um Stoffe, die Jugendliche und Erwachsene süchtig machen können. Für hyperaktive Kinder scheint das zwar nicht zuzutreffen, doch sollte sehr genau geprüft werden, ob hier wirklich eine stoffwechselbedingte Hyperaktivität vorliegt, die die Verordnung eines solchen Medikaments rechtfertigt.

Zum zweiten gewöhnt sich derjenige, der das Medikament nimmt, daran, Verhaltensprobleme mit chemischen Mitteln zu lösen. Er lernt, daß er nicht selbst in der Lage ist, diese Probleme zu lösen, sondern dagegen etwas einnehmen muß. Dies ist eine Lektion, die Hilflosigkeit fördert und späteres süchtiges Verhalten vorbereiten kann.

Das soll nicht heißen, daß nicht in Extremfällen für eine begrenzte Zeit auch ein Medikament angebracht sein kann, um den Teufelskreis negativer Folgeprobleme erst einmal zu unterbrechen und andere Hilfsmöglichkeiten zu unterstützen.

Psychologische Beratung und Therapie?

Wenn Sie mit Ihrem überaktiven Kind eine psychologische Beratungsstelle aufsuchen, ist am ehesten zu erwarten, daß auch das gesamte soziale Umfeld des Kindes in die Überlegungen über mögliche Ursachen und entsprechende Hilfen mit einbezogen wird. Hier haben Sie die Möglichkeit, in Ruhe über Ihre Probleme zu sprechen, ohne Vorwürfe erwarten zu müssen. Allein das gibt vielen Eltern wieder Mut - und bei dem Bemühen, anderen genau die Situation in ihrem speziellen Fall zu erklären, entdecken sie vielleicht selbst Zusammenhänge, die sie vorher nicht gesehen hatten.

Bei einer solchen Beratung kann auch entschieden werden, ob es sinnvoll erscheint, mit dem Kind oder mit der ganzen Familie eine Therapie durchzuführen.

Was immer Sie auch unternehmen, erwarten Sie aber bitte nicht, daß aus Ihrem Kind ein „braves Normkind“ wird. Es wird sicher ein Wildfang bleiben, aber hat das nicht auch seine guten Seiten? Vielleicht machen Sie jetzt gleich einmal eine Liste all der guten Eigenschaften, die Ihr Kind hat, von denen Sie gern möchten, daß es sie behält - sind das nicht eine ganze Menge?

Sprich anständig

Kein Denken ohne Sprache

Viele Eltern machen sich Sorgen um die Sprachentwicklung ihrer Kinder. Denn eine differenzierte Sprache ist die Voraussetzung für differenzierte Gedanken. Ein Kind, das schlecht spricht, wird leicht für dümmer gehalten, als es ist.

Die ersten fünf bis sechs Lebensjahre sind die entscheidenden für den Erwerb der Sprache - umweltbedingte Benachteiligungen sind danach - in der Schulzeit - nur noch schwer auszugleichen. Deshalb fürchten Eltern, Versäumnisse dieser frühen Jahre später nicht mehr gutmachen zu können. Aber sie tun dabei leicht zuviel, erreichen das Gegenteil dessen, was sie erreichen wollen.

Ich möchte deshalb - nach einer kurzen Darstellung der Sprachentwicklung und der sozialen Bedingungen, die den Spracherwerb behindern oder fördern - auf die wichtigsten Unregelmäßigkeiten beim kindlichen Spracherwerb eingehen, auf das Stammeln und vor allem das Stottern. Denn gerade beim letzteren kann falsches Verhalten leicht Entwicklungen in Gang setzen, die später nur noch sehr schwer korrigierbar sind.

Entwicklung des Sprechens

Bei der Frage, wann und wie ein Kind „normal" sprechen lernt, denken die meisten daran, wann es die ersten Worte spricht, wie viele Worte es wann beherrscht, wie und wann es lernt, mit Satzbau und Grammatik richtig umzugehen.

In diesem Sinne haben in den ersten Jahrzehnten dieses Jahrhunderts mehrere Wissenschaftler insbesondere die Sprachentwicklung ihrer eigenen Kinder genau aufgezeichnet. Die Gesetzmäßigkeiten, die sie dabei gefunden haben, sind nach wie vor gültig. Ebenso allerdings die Erkenntnis, daß die individuellen Unterschiede in Beginn und Tempo dieser Entwicklung sehr groß sein können. (Ich werde mich bei der Darstellung im wesentlichen an das Modell von Clara und William Stern von 1907 halten, die Altersangaben aber so erweitern, daß sie die abweichenden Angaben anderer Autoren mit umfassen.)

Das erste Lebensjahr bildet die *Vorphase der Sprachentwicklung*. In ihr lernt das Kind die Lust am sozialen Kontakt durch Lautäußerungen, vor allem aber die Bildung aller nur möglichen Laute in endlos langen „Lallmonologen". Das Anhören der eigenen Laute und das Antworten der Umgebung reizen das Kind zu immer neuen Äußerungen. Daraus ergibt sich, daß das richtige Hören eine entscheidende Voraussetzung für das Sprechenlernen ist. Auch taube Kinder beginnen zu lallen, hören aber bald wieder auf, weil ihnen dieser Anreiz durch das Hören fehlt.

Das erste Wort sprechen manche Kinder schon mit acht Monaten, andere erst mit 20 Monaten. Man kann sich ja auch darüber streiten, ob ein beim Essen genüßlich geäußertes „Hamham" nun schon ein Wort für „Essen" war oder erst von den begeisterten Angehörigen dazu gemacht wird. Außerdem verstehen die meisten Kinder bestimmte Worte schon Monate, bevor sie sie selbst gebrauchen - zählt nun für den Erwerb das richtige Wiedererkennen oder das Aussprechen? Warum sprechen einige Kinder sehr schnell nach, was sie wiedererkennen, andere erst später?

Die ersten gesprochenen Worte sind zunächst sozusagen „Begleitmusik" dessen, was gerade geschieht, später werden sie benutzt, um etwas herbeizuwünschen, was zur Zeit nicht da ist. Dann sagt ein Kind zum Beispiel „hamham" und meint: „Ich möchte gern essen". Das eine Wort soll also so viel ausdrücken wie ein ganzer Satz.

Diese Zeit der *Einwortsätze* dauert etwa fünf bis zwölf Monate.

Wenn das Kind die ersten *Zwei- und Mehrwortsätze* bildet, kann es also gut ein Jahr, aber auch fast drei Jahre alt sein.

Diese Sätze bestehen meistens aus einem Hauptwort, das etwas bezeichnen soll und einem Tätigkeits- oder Eigenschaftswort, also „Mama hol'n" oder „Wasser alle". Das Kind hat jetzt verstanden, daß Hauptwörter „Namen" für ein Ding oder einen Menschen sind, daß sie etwas bezeichnen. Deshalb fängt es an, in einem *ersten Fragealter* ständig nach solchen Bezeichnungen zu fragen: „Is'n das?" Sein Wortschatz steigt dadurch sprunghaft an.

Die Wörter, die eine Aussage bilden, werden zunächst einfach zu Ketten aneinandergereiht - zum Beispiel: „Tete alle, hol'n la'n" - „Die Kekse sind alle, wir müssen neue holen im Laden".

Dann lernt das Kind, die *Tätigkeitswörter zu beugen* - zum Beispiel: „Mama, hö'ste, rrr, papa" - „Mama, hörst du, es klingelt, das ist Papa!"

Schließlich bildet es *Haupt- und Nebensätze* und lernt auch kompliziertere grammatikalische Formen.

Daß es dabei nicht nur passiv nachahmt, sondern auch versucht, Regeln zu erkennen und anzuwenden, bemerkt man, wenn es sich mal dabei vertut, wenn es etwa „gedenkt" sagt statt „gedacht" oder „hintermorgen" statt „übermorgen".

Bei diesen letzten Entwicklungsschritten habe ich absichtlich keine Altersangaben mehr gemacht, sie würden noch weiter auseinanderklaffen als die ersten. Fest scheint nur zu stehen, daß Kinder Sprache in dieser Reihenfolge erwerben, daß sie immer die einfachere Form erst eine Weile benutzt haben müssen, bestimmte Zusammenhänge und Bedeutungen erst gedanklich erfaßt haben müssen, bevor sie zur nächsten Stufe fortschreiten können.

Wie beim Übergang vom Krabbeln zum Laufen scheinen manche Kinder lieber länger etwas Bewährtes, Gewohntes zu benutzen, bevor sie sich an etwas Neues wagen, das sie noch nicht recht beherrschen. Wir dürfen aber nicht den Fehler machen, Sprachentwicklung nur als möglichst schnelle und perfekte Nachahmung des Vorgefundenen zu verstehen. Schon die „klugen Fehler" mancher Kinder zeigen ja, daß sie versuchen, kreativ mit der Sprache als Verständigungsmittel umzugehen. Wenn ein Kind „Schießtole" statt „Pistole" sagt, statt „vor längerer Zeit" „weit gestern", oder wenn es einen kahlen Baum als „Steckenbaum" bezeichnet, zeigt es dabei schöpferische Fähigkeiten, die vielen Erwachsenen völlig verlorengegangen sind. In lyrischen Gedichten finden Sie oft noch dieses Malen mit ungewöhnlichen Wortgebilden. Ersticken Sie nicht den Lyriker in Ihrem Kind, indem Sie es immer nur auf „falsch" oder „richtig" festlegen.

Es gibt auch immer wieder ganz und gar abweichende Formen des Spracherwerbs bei Kindern, die deshalb keineswegs dümmer oder „weiter zurück" sein müssen als andere. Carl Stumpf beschrieb 1901, wie sein zweifellos recht intelligenter Sohn Felix bis zum Alter von 3¼ Jahren eine ganz und gar eigenwillige und originelle Sprache entwickelte, die eigene Symbole statt der Wörter und Formen der Erwachsenensprache benutzte und Fremden völlig unverständlich war. Der Vater hat ganz genau festgehalten, wie diese Begriffe entstanden und wie der Sohn sie zu Sätzen zu kombinieren pflegte. Nur ein Beispiel: Der Satz „Rudi soll meinen schönen Kaufladen nicht kaputtmachen", hieß bei Felix: „Ich haja koko-dach mach olol kap näh". Schließlich lernte der Junge dann allerdings sehr schnell die Sprache seiner Umgebung, nachdem er, wie sein Vater meinte, „des Spieles satt geworden" war.

Sprechenlernen ist aber nicht nur eine Sache des Verstandes und seiner Entwicklung, es ist - zuallererst sogar - ein Mittel des zwischenmenschlichen Kontaktes und der zwischenmenschlichen Verständigung.

Die Lust an der Kommunikation

Die Lust am Sprechen entsteht, wenn jemand, den das Kind liebt, dem es vertraut, mit Freude und Interesse auf seine Lautäußerungen, auf seine Versuche, etwas mitzuteilen, antwortet. Das Kind fühlt sich angenommen und verstanden und zu neuen Sprechversuchen ermutigt.

Hier liegt der Grund dafür, daß seelisch vernachlässigte Kinder, Kinder, die unter sehr ungünstigen Bedingungen in Heimen groß wurden, in ihrer Sprachentwicklung weit hinter Altersgenossen zurückblieben. Es fehlte der gefühlsmäßige Bezug zwischen dem Kind und anderen, sprechenden Menschen. Es fehlte jemand, der Freude zeigte über die Lautäußerungen des Kindes, der sie aufnahm und variierte, ihnen Bedeutung beimaß und sie zurückgab. Dieses lustvolle Wechselspiel in Gang zu halten ist viel wichtiger als jede Belehrung, wie man „richtig" spricht.

Die Lust an diesem Wechselspiel ist wohl auch der Grund für die endlosen Fragekketten von Kindern im „zweiten Fragealter“, der Zeit der Warum-Fragen. Eltern zeigen oft Ermüdungserscheinungen, wenn auf jede gegebene Antwort - aus dieser fast automatisch abgeleitet - gleich die nächste Frage folgt, und so fort.

„Vati, warum ist der Zaun grün?“
„Weil die Leute ihn grün angestrichen haben.“
„Warum haben die ihn grün angestrichen?“
„Wahrscheinlich hat ihnen diese Farbe gefallen.“
„Warum hat ihnen diese Farbe gefallen?“
„Ich weiß es nicht!“
„Warum weißt du das nicht?“

Vielleicht wird das Reagieren leichter, wenn Sie davon ausgehen, daß nicht das Anhören Ihrer mehr oder weniger klugen Antworten der Sinn dieses Spiels ist, sondern der Spaß daran, mit diesem nun schon recht perfekt beherrschbaren Mittel der Sprache eine Kommunikation in Gang zu halten. Vielleicht gelingt es Ihnen dann auch eher, dieser Kommunikation einfach eine andere Richtung zu geben: *„Wie hättest du denn den Zaun angestrichen?“*

Wir haben jetzt zwei wichtige Bedingungen für das Sprechenlernen näher betrachtet - die Leistungen des Verstandes und die mehr gefühlsmäßige Lust an der Kommunikation.

Das Bedürfnis, etwas mitzuteilen

Die dritte Voraussetzung für die Sprache ist das Bedürfnis, einem anderen etwas Bestimmtes mitzuteilen. Je dringender dieses Bedürfnis bei einem Kind ist, je bessere Erfahrungen es auch bei seinen Mitteilungsversuchen macht, desto besser wird es sprechen lernen. Je weniger Bedarf nach solchen Mitteilungen es hat, je weniger auch die Mitwelt darauf mit Befriedigung seiner Bedürfnisse reagiert, desto geringer wird seine Neigung zu sprechen sein.

Etwas überzogen, im Kern aber wohl treffend, ist das in einem Witz ausgedrückt, den ich hier wiedergeben möchte:

Der vierjährige Jüngste einer großen Familie, der zur allgemeinen Besorgnis noch immer kein Wort spricht, sagt eines Abends beim Essen aus heiterem Himmel: „Mutti, auf dem Tisch fehlt das Salz!“ Darauf die Mutter entgeistert: „Aber Junge, du kannst ja sprechen - warum hast du das denn nicht längst gesagt?“ Antwortet der Junge: „Bis jetzt hat ja nie das Salz auf dem Tisch gefehlt.“

Im unterschiedlich großen Mitteilungsbedürfnis dürfte auch die Erklärung dafür liegen, daß Erstgeborene und Einzelkinder das Sprechen im Durchschnitt besser und eher lernen als jüngere Geschwister oder Zwillinge. Erstere erfahren meist mehr Aufmerksamkeit und Zuwendung für ihre Äußerungen, letztere gehen mehr mit den selbst noch mangelhaft sprechenden Geschwistern um, finden andere Möglichkeiten der Verständigung. Insbesondere Zwillinge leben oft sehr aufeinander bezogen und verstehen sich auch ohne Sprache. Ihr Mitteilungsbedürfnis gegenüber Erwachsenen ist deshalb nicht so groß wie das von Einzelkindern.

Andererseits bewirkt der Besuch eines Kindergartens bei vielen Drei- bis Vierjährigen einen schnellen Fortschritt der Sprachentwicklung, da die Kinder sich hier mit ihren jeweiligen „Privatsprachen" nicht verständlich machen können.

Mädchen sprechen besser

Umstritten ist, ob auch der deutliche Unterschied im Spracherwerb von Jungen und Mädchen auf unterschiedliche Förderung zurückzuführen ist. Mädchen sind im Durchschnitt den Jungen vom Alter von zehn Monaten an bis in die Pubertät auf allen Gebieten der Sprachbeherrschung voraus. Sprachdefekte, zum Beispiel das Stottern, finden sich viel häufiger bei Jungen.

Manche Forscher wollen Unterschiede in der Reifung des Nervensystems dafür verantwortlich machen.

Untersuchungen haben aber auch ergeben, daß Eltern, ohne das selbst zu merken, die ersten Lautäußerungen kleiner Mädchen eifriger aufnehmen und imitieren als die von Jungen. Mädchen werden auch vom Babyalter an mehr auf soziale Kontakte hin erzogen, Lautäußerungen und später Sprechen sind dazu die wichtigsten Mittel.

Die Berliner Psychologin Ursula Scheu hat in ihrem Buch: *„Wir werden nicht als Mädchen geboren - wir werden dazu gemacht"* zahlreiche Untersuchungen dazu zusammengestellt und kommentiert.

Unter Erwachsenen wird vielfach noch immer dem Wort eines Mannes mehr Gewicht beigemessen als dem einer Frau. Sie kennen sicher den Spruch:

Ein Mann - ein Wort,
eine Frau - ein Wörterbuch.

Das bedeutet, daß an die Qualität der Äußerungen eines Jungen von klein auf wahrscheinlich strengere Maßstäbe angelegt werden, als an die von Mädchen - mit dem Ergebnis, daß Jungen viel häufiger Sprachfehler entwickeln, die durch Leistungsangst entstehen - besonders das Stottern (s. Seite 131 ff.).

Exkurs über Durchschnittswerte

Vielleicht ist an dieser Stelle eine Zwischenbemerkung über Durchschnittswerte angebracht.

Sie werden vielleicht entgegnen wollen, daß das Behauptete für Ihren Sohn, Ihre Tochter überhaupt nicht zutrifft, also nicht stimmen kann.

Solche Durchschnittswerte werden gewonnen, indem man zum Beispiel die Sprachentwicklung von 300 Kindern miteinander vergleicht. Wenn man dann feststellt, daß unter denen, die besonders früh und gut sprechen konnten, erheblich mehr Mädchen als Jungen, erheblich mehr Einzelkinder als jüngste Geschwister zu finden sind, dann kann man die Schlüsse ziehen, die ich beschrieben habe. Das heißt noch lange nicht, daß nicht auch unter den besonders gut und früh Sprechenden eine ganze Menge Jungen, auch eine ganze Menge jüngster Kinder sein werden, nur eben weniger, als man nach ihrem statistischen Anteil hätte erwarten können. Und so kann es sein, daß Ihr jüngster Sohn zu denen gehört, Ihre älteste Tochter aber nicht, ohne daß die allgemeine Aussage deshalb falsch wäre. Für den konkreten Einzelfall, für Ihr Kind, muß so eine Durchschnittsfeststellung also durchaus nicht zutreffen. Aber es ist manchmal interessant, sie zu kennen.

Die Sprachentwicklung fördern

Wenn nun aber von der Art, wie Erwachsene mit den Lautäußerungen eines Kindes umgehen, so viel abhängt, wie können Eltern dann die Sprachentwicklung ihrer Kinder fördern?

Das Mutterische

Anscheinend braucht man niemandem beizubringen, wie er mit kleinen Kindern zu reden hat – auf der ganzen Welt beherrschen Erwachsene und ältere Kinder das „Mutterische“ – eine Sprachvariante, die langsamer, deutlicher, stärker betont, einfacher konstruiert ist, viele Wiederholungen enthält und meist in einer etwas höheren Tonlage gesprochen wird.

Keine „Babysprache“

Die höhere Tonlage erhöht wahrscheinlich die Aufmerksamkeit des Kindes, die anderen Merkmale erleichtern ihm die Analyse des Gesprochenen. Allerdings streiten die Gelehrten darüber,

ob man wirklich mit einem kleinen Kind so sprechen muß, damit es die Sprache erlernt. Manche tun darin zweifellos des Guten zuviel. Sie reden mit hoher Piepsstimme, ohne Grammatik, benutzen nur die Worte, die das Kind schon kennt oder ahmen sogar seine Sprechfehler nach. Sicher wollen sie damit zärtliche Gefühle ausdrücken und so verständlich wie möglich sein. Aber es hat sich erwiesen, daß eine mäßig anspruchsvolle, gut gegliederte Sprache dem Kind die besten Anregungen für seine eigene Sprachentwicklung gibt. Nur wenn Sie zu komplizierte Konstruktionen und Formulierungen gebrauchen oder zu schnell und ungenau sprechen, kann das Kind nicht folgen und wird auch nicht zum Antworten ermutigt.

Keine Sprechübungen

Bewußte Sprechübungen mit kleinen Kindern haben wenig Erfolg, können aber Schaden anrichten. Sprechen gehört wie Laufen, Tanzen zu den rhytmischen Äußerungen, die am besten gelingen, wenn man nicht zu konzentriert oder gar angstvoll die Aufmerksamkeit auf sie richtet.

Bitte stellen Sie sich folgende Situationen vor: *Sie gehen auf der Straße und stellen fest, daß hinter Ihnen jemand kommt, an dessen Urteil über Sie Ihnen sehr gelegen ist. Sie versuchen deshalb, ganz besonders locker oder elegant oder sportlich zu laufen - ich nehme an, Sie stolpern recht bald über Ihre eigenen Beine.*

Das gleiche beim Sprechen: *Sie wurden darauf aufmerksam gemacht, daß Sie beim Reden sehr häufig bestimmte Füllwörter benutzen. Jetzt sollen Sie einen Vortrag halten. Ängstlich bemühen Sie sich, diese Füllwörter beim Sprechen zu vermeiden - ich nehme an, Sie werden sich ständig verhaspeln, das Ergebnis wird schlechter statt besser.*

Locker und flüssig reden Sie eher, wenn die Begeisterung über etwas, das Sie erzählen möchten, Sie mitreißt - wenn Sie drauflosreden, wie Ihnen der Schnabel gewachsen ist.

Die Lust am Reden wecken

Ihrem Kind geht es genauso. Deshalb ist das Wichtigste, was Sie für seine Sprache tun können, daß Sie in ihm die Lust am Reden fördern, daß Sie Freude und Interesse zeigen an dem, was es äußert, auch seine schöpferischen Experimente mit der Sprache anerkennen, es weder auslachen noch verbessern.

Nicht ständig korrigieren

Wenn Eltern ihr Kind bei seinen Sprechversuchen ständig korrigieren, es immer wieder auffordern, ein bestimmtes Wort, einen Satz auszusprechen oder richtig zu wiederholen, dann stören sie die lustvolle Kommunikation, dann hemmen sie die Freude des Kindes am Reden. Außerdem verlangen sie wahrscheinlich oft Korrekturen zu einem Zeitpunkt, zu dem das Kind selbst den Unterschied zwischen „richtig“ und „falsch“ noch gar nicht erkennen kann. Sie legen es auf korrektes Nachsprechen fest, nehmen ihm die Lust und Freiheit zum Experimentieren mit der Sprache. Sie machen Sprechen zu einer Leistung, bei der man Angst vor Fehlern haben muß.

Verbessernde Rückmeldungen

Die Möglichkeit, das selbst Gesprochene mit dem des Erwachsenen zu vergleichen, können Sie Ihrem Kind auch geben, wenn Sie in Ihrer Antwort die richtige Aussprache unauffällig wiederholen. Wenn Sie auf den Satz Ihres Kindes: „s'n hul" freundlich antworten: „Ja, das ist ein Stuhl", dann fühlt sich das Kind verstanden und bestätigt, kann seine Aussprache vergleichend korrigieren, muß es aber nicht.

Nun sind Eltern freilich oft besorgt, wenn ihr Kind bestimmte Laute immer wieder so sehr verunstaltet, daß das, was es sagen will, kaum verständlich ist. Muß das richtige Bilden von Lauten nicht doch geübt werden?

Richtige Lautbildung

Ich habe zu Beginn des Kapitels geschildert, daß schon das Baby in seinen Lallmonologen alle nur erdenklichen für die Sprache notwendigen Laute bildet. Bevor es aber alle Laute, insbesondere alle Mitlaute, sicher erkennen und unterscheiden und dann auch willkürlich und gezielt in verschiedenster Kombination nachbilden kann, wird es sicher das Schulalter erreicht haben. Die einfachsten Mitlaute - m, n, p, h, b, d, g - beherrschen die meisten Kinder mit 3 bis 3½ Jahren, vor allem wenn sie in einfachem Wechsel Selbstlaut-Mitlaut-Selbstlaut erscheinen (zum Beispiel „Mama").

Schwerer fallen meist die Laute t, sch, w, l, s, r - sie werden von den meisten Kindern mit 4 bis 6½ Jahren beherrscht. Vielen Kindern macht das s besondere Schwierigkeiten, sie *lispeln* bis in die Schulzeit hinein.

Schwierig sind auch Doppelmitlaute, zum Beispiel in „Bruder," oder „Stube" oder gar „springen". Und Sie kennen ja sicher auch die sogenannten „Zungenbrecher", in denen die Laute so raffiniert kombiniert sind, daß selbst der sprachgewandte Erwachsene sich noch beim schnellen Nachsprechen verheddert: *Fischers Fritze fischt frische Fische.*

Stammeln

Hat ein Kind ungewöhnliche Schwierigkeiten, bestimmte Laute richtig auszusprechen, ersetzt es Laute, die es nicht sprechen kann, durch andere, dann sagt man, es stammelt. Freilich ist das für die ersten Jahre des Sprechenlernens, wie Sie aus den Altersangaben ersehen, normal. Ich nenne diese Altersangaben vornehmlich, um Eltern zu beruhigen, die schon zu einem recht frühen Zeitpunkt beginnen, sich Sorgen zu machen.

Voraussetzung: Gutes Hören

Zwingende Voraussetzung für eine korrekte Lautbildung ist ein gutes Gehör. Es wird hoffentlich bei allen Kindern im Zuge der Vorsorgeuntersuchungen geprüft. Trotzdem sollten Sie, wenn Ihr Kind mit bestimmten Lauten gar zu auffallende Schwierigkeiten hat, wenn es stammelt, sicherheitshalber sein Gehör noch genauer untersuchen lassen. In diesem Falle genügt nicht die Erfahrung, daß es Sie versteht, wenn Sie flüstern, oder daß es Sie auch hört, wenn Sie hinter ihm stehend sprechen. Es gibt Hörstörungen, bei denen nur bestimmte Frequenzbereiche ausfallen, aber auch sie können das richtige Wahrnehmen von Lauten beeinträchtigen. Auch Kinder, die häufig Mittelohrentzündungen haben, mögen längere Zeit für korrekte Lautbildungen brauchen, weil sie immer mal wieder über Wochen schwerhörig sind.

Wie helfen?

Hilfe für Kinder, die stammeln, sieht nicht viel anders aus als das, was ich allgemein zur Förderung des Sprechens gesagt habe.

Gezielte Ausspracheübungen sind auch hier nicht angebracht. Sie sollten viel und unter erfreulichen Bedingungen mit Ihrem Kind reden, sich aber besonders bemühen, deutlich und nicht zu schnell zu sprechen. Vielleicht kennen Sie Sprachspiele, Kinderreime und Liedchen, die Sie miteinander hersagen oder singen können. Die sind meistens betont einfach, bringen viele Wiederholungen. Ihr Kind sollte den Lauten, die ihm Probleme machen, nicht so oft in entmutigend schwierigen Kombinationen begegnen.

Sie sollten es für Fehler niemals tadeln, seine Freude am Sprechen und am Spiel mit der Sprache aber fördern, wo immer es geht.

Es kann sein, daß ein Kind, das ständig wegen seiner Aussprache korrigiert wird, zusätzlich zu stottern beginnt. Grundsätzlich aber ist das Stottern eine Störung ganz anderer Art - es ist keine Störung der Sprachorgane, sondern eine Störung der Kommunikation.

Betroffene Kinder stottern nicht, wenn sie leise für sich selbst reden, sie stottern auch nicht beim Singen, sie stottern nur, wenn sie jemand anderem etwas mitteilen möchten.

Poltern

Aber ich möchte diese Störung zunächst genau beschreiben und absetzen gegen eine weitere, das Poltern.

Ein Kind, das überhastet spricht, dabei Laute, Wortteile oder Worte verschluckt und andere durcheinanderpurzeln läßt, das dabei die Laute verwechselt oder verunstaltet, das stottert nicht, sondern poltert. Fordert man es auf, langsamer zu reden, besser auf seine Sprache zu achten, zeigt man ihm, daß man Zeit und Geduld hat ihm zuzuhören, wird seine Sprache besser.

Stottern

Das stotternde Kind wiederholt mehrmals hintereinander Anfangslaute oder -silben, es füllt Pausen im Sprechfluß, indem es Selbstlaute überdehnt, oder es bleibt ganz stecken und bemüht sich verkrampft, über diese Sperre hinwegzukommen. Zunehmend macht es krampfhafte Bewegungen des Gesichtes, des Kopfes, der Hände, atmet schwer, kann bestimmte Worte überhaupt nicht mehr herausbringen, versucht sie zu ersetzen oder Situationen, in denen es sprechen muß, ganz zu meiden.

Es ist sich seiner Sprachstörung peinlich bewußt, je mehr es sich aber bemüht, „anständig" zu sprechen, desto schlimmer wird es. (Besonders das macht den Unterschied zwischen Poltern und Stottern deutlich.)

Mädchen stottern viel seltener als Jungen und meist in leichterer Form, mit dem Alter nachlassend. Unter Erwachsenen stottern zehnmal mehr Männer als Frauen.

Stottern tritt in Familien gehäuft auf. Das kann bedeuten, daß erbliche Faktoren mitbeteiligt sind. Es können aber auch bestimmte Eigenheiten der Erziehung sein, die, von einer Generation auf die andere weitergegeben, dies verursachen. Nach einer Untersuchung von Bloch und Goodstein (1971) sind Eltern stotternder Kinder etwas perfektionistischer und kontrollierender in ihren Ansprüchen an die Kinder, manchmal auch eher überbehütend.

Stotternde Kinder sind nicht dümmer als normal sprechende, sie geben sich nicht zuwenig Mühe beim Sprechen, sondern zuviel. Stottern ist auch nicht Ausdruck einer Persönlichkeitsstörung, es kann aber sein, daß eine solche durch die ständigen Mißerfolge beim Sprechen entsteht.

Wie Stottern entsteht

Fast jedes Kind geht bei seiner Sprachentwicklung durch eine Phase, in der es schneller denkt, schneller sprechen möchte, als es sprechen kann, in der es bei schwierigen Zusammenhängen noch nach den richtigen Worten suchen muß. Dadurch purzeln die Wörter durcheinander, oder es entstehen Löcher oder Stolperer im Sprechfluß.

Die meisten Kinder gehen mit zunehmender Sprachgewandtheit problemlos über diese Phase hinweg. Einige aber bekommen Angst vor solchen Fehlern oder vor der Ungeduld dessen, der ihnen zuhört. Sie fangen an, solche Sprechpausen, vor allem am Satzanfang, mit mehrmaligen Wiederholungen von Lauten oder Silben zu stopfen, damit die Kommunikation mit dem Gesprächspartner nicht unterbrochen wird. Und hier nun greifen besorgte Erwachsene meist in verhängnisvoller Weise ein. Sie ermahnen das ohnehin ängstlich und überbemüht sprechende Kind ständig, sorgfältiger zu sprechen. Aber gerade damit machen sie aus einer zunächst harmlosen Erscheinung, die wahrscheinlich von selbst vergehen würde, erst einen sich immer mehr verschlimmernden Sprachfehler. Das Kind versucht jetzt, die Wiederholungen am Satzanfang zu vermeiden, dadurch wird der Sprachfluß ganz blockiert, das Kind muß immer verkrampftere Bemühungen machen, über diese Blockaden hinwegzukommen. Es muß Umwege nehmen, wenn bestimmte Wörter überhaupt nicht herauswollen, fürchtet und meidet das Sprechen zunehmend mehr. Mit der Schwere der Fehler wächst die Angst, mit der Angst verschlimmern sich die Blockaden. Ein Teufelskreis ist entstanden.

Was tun?

Falls Ihr Kind Ansätze zum Stottern macht, zeigen Sie ihm durch Ihr Verhalten

- daß Sie Zeit und Geduld haben, ihm zuzuhören;
- daß Sie gern hören möchten, was es zu sagen hat;
- daß Fehler beim Sprechen überhaupt nicht schlimm sind;
- daß Sie verstehen, was es sagt, und sich über seine Äußerungen freuen.

Je gelassener Sie in der Anfangsphase, in der das Kind noch ohne Verkrampfungen Laute oder Silben wiederholt, damit umgehen, desto größer ist die Wahrscheinlichkeit, daß dieses Stottern ganz von selbst wieder vergeht.

Je stärker sich das Kind aber bereits beim Sprechen verkrampft, das Sprechen zu meiden versucht, sein Selbstbewußtsein verliert, desto geringer werden die Chancen, diese Störung wieder loszuwerden.

Gelingt es Ihnen selbst nicht, in der beschriebenen Weise ruhig, optimistisch und gelassen mit Ihrem stotternden Kind umzugehen, oder hat sein Stottern bereits ein Ausmaß erreicht, von dem Sie sich überfordert fühlen, dann sollten Sie eine psychologische Beratungsstelle, eine Psychotherapeutin oder einen Sprachtherapeuten um Hilfe bitten.

Mit zunehmendem Alter werden die Zeiten, die es kostet, bis das Kind wieder spannungsfrei sprechen kann, länger, die Mühe, die es dazu aufbringen muß, größer, weil die falschen Gewohnheiten immer fester eingefahren sind.

Bei Jugendlichen und Erwachsenen läßt sich das Stottern fast nicht mehr beheben.

Gesponnen oder gelogen?

Gelogen oder nicht?

Wenn ein Vierjähriger, der wieder einmal zu spät vom Spielplatz heimkommt, erzählt, da wäre ein Raumschiff gelandet, und kleine Männchen wären ausgestiegen, hätten sich mit ihm unterhalten, dann sind viele Eltern alarmiert. So raffinierte Lügen schon in dem Alter? Was soll das erst werden, wenn der Junge älter wird?

Hat er wirklich gelogen? Lügen heißt doch: Bewußt die Unwahrheit sagen um eines Vorteils willen.

Dieser Junge aber berichtet im Grunde: Es war wieder so interessant auf dem Spielplatz, wir haben so phantasievoll gespielt, daß ich das Heimgehen darüber ganz vergessen habe - und das ist sicher richtig!

Und die Sache mit dem Raumschiff? Er kann doch nicht glauben, daß das Realität ist! Wenn er genauer darüber nachdenkt, wohl nicht. Aber ganz sicher wird er nicht immer sein, wenn er wirklich Erlebtes von nur Vorgestelltem unterscheiden soll.

Die verschwommenen Grenzen zwischen Wirklichkeit und Phantasie

Für Drei-, Vier-, Fünfjährige verschwimmen Realität und Phantasie noch leicht ineinander, auch wenn das Bewußtsein für „echt" und „nicht echt" langsam immer sicherer wird. Ein Beispiel:

Die Mutter vermißt beim Abtrocknen ein Silberlöffelchen. Sie fragt ihre Vierjährige, ob sie es zum Spielen genommen habe - „nein" sagt die. Weil der Löffel aber nicht wieder auftaucht, dringt die Mutter weiter in sie: „Überleg doch mal - hast du ihn vielleicht zum ‚Geburtstag'-Spielen mit nach draußen genommen?" Die Tochter grübelt bereitwillig - und je länger sie überlegt, desto mehr kommt sie zu der Erkenntnis, doch, sie habe das Löffelchen mitgenommen, weil sie draußen im Buddelkasten einen Geburtstagstisch decken wollte. Also begeben sie sich gemeinsam zum Suchen in den Buddelkasten.

Inzwischen schaltet sich auch der dreijährige Bruder ein. Er hat den Löffel im Buddelkasten gesehen - da, in der Ecke war es. Alle graben gemeinsam, aber ohne Erfolg. Am Abend stellt die Mutter fest, daß sie sich verzählt hatte - alle sechs Löffel liegen wohlverwahrt im Schrank!

Die Kinder in diesem Beispiel haben sich das, was die Mutter ihnen als Möglichkeit schilderte, so lebhaft vorgestellt, daß sie es schließlich von der Realität nicht mehr unterscheiden konnten. Am verläßlichsten war noch die erste, schnelle Aussage der Vierjährigen, bevor die Mutter begonnen hatte, suggestive Fragen zu stellen.

In diesem Licht sind viele Aussagen jüngerer Kinder zu sehen, und es ist ungerecht, sie der Lüge zu verdächtigen, wenn sie sich immer mehr in Widersprüche verwickeln, je häufiger sie befragt werden.

Der Junge mit dem Raumschiff hatte es da schon leichter - er weiß im Grunde, daß es fremde Raumschiffe, die auf Kinderspielplätzen landen, nicht gibt. In seiner Phantasie gibt es sie allerdings trotzdem!

Aber muß man ihm nicht beizeiten die Grenzen zwischen Realität und Phantasie deutlich machen, damit er sich nicht in seiner Traumwelt verläuft, nicht den Sinn für die Realität verliert?

Spiel mit Illusionen

Solche Phantasiegeschichten sind nur Extreme einer Grundhaltung, die es Kindern bis etwa zum Schulalter erlaubt, in lustvoller Grenzgängerei zwischen Illusion und Wirklichkeit spielerisch wahr werden zu lassen, was teils erfahren, teils umgedeutet oder erfunden wurde.

Der vierjährige Christoph schwingt sich auf sein Schaukelpferd und spielt „Motorrad". Er dreht heftig an den Griffen hinter den Ohren, tritt in die Steigbügel und imitiert laut das Aufheulen des Motors. Er ist schon ein ganzes Stück „gefahren", da stutzt er, steigt ab, geht um sein „Motorrad" herum, zieht schließlich mit einem empörten: „Ein Motorrad hat doch keinen Schwanz!" diesen Schwanz aus der Öffnung, in die er nur noch lose eingesteckt war. Dann schwingt er sich wieder auf und „fährt" geräuschvoll weiter.

An solche Kinderspiele sind wir gewöhnt - daß da ein Bauklotz zum Hammer wird, mit dem man ein Stuhl-Auto repariert, daß das Kind aus leeren Tassen Kaffee trinkt oder uns unsichtbares Geld in die Hand zählt.

Erdachte Spielgefährten

Wenn es aber eines Tages erklärt, es habe einen Spielgefährten, der es überallhin begleite, wenn es anfängt, mit diesem Gefährten zu reden, ihm die Tür aufzuhalten, ihm einen zusätzlichen Teller auf den Tisch zu stellen, kommen manchem Bedenken.

Die dreijährige Sofia hat eine neue Bekannte. „Meine Frau" nennt sie sie und erzählt seit einigen Tagen ständig von ihr. „Ich habe heute meine Frau besucht", „Meine Frau sagt, Kinder dürfen so viel Eis kaufen, wie sie wollen", „Meine Frau spielt immer mit mir".

Die Eltern sind zunächst alarmiert. Zu wem geht das Kind, wen meint es? Wer ist die Frau? Da Befragen nichts Konkretes ergibt, beobachten sie Sofia unausgesetzt, während sie unten im Hof spielt. Eine Frau kriegen sie nicht zu sehen, wohl aber bemerken sie, daß das Kind manchmal für sich allein sitzt, anscheinend verträumt vor sich hin redet. Nach und nach wird ihnen klar, daß diese „Frau" eine Traumfrau ist, eine, die es nicht in der Realität, aber in Sofias Phantasie gibt - und da ist sie zur Zeit sehr lebendig, sehr aktiv, eine von Sofia sehr bestimmt und sehr genau beschriebene Persönlichkeit. Aber das erschreckt insbesondere die Mutter fast noch mehr. Ist sie so eine schlechte Mutter, daß ihr armes Kind sich eine andere, bessere herbeiphantasieren muß? Ist das Kind jetzt psychisch gestört, weil sie etwas falsch gemacht hat?

Aber Sofia wirkt nicht gestört - sie ist meistens munter und fröhlich, beliebt bei Erwachsenen und Kindern, hat einen flinken Verstand und eine kreative Phantasie.

Sofia ist genausowenig psychisch gestört wie viele andere Kinder auch, die ihre Welt zusätzlich mit erdachten Wesen bevölkern - mit idealen Elternfiguren, mit Spielgefährten oder Lieblingstieren. Bei einer Untersuchung des Psychologen-Ehepaares Singer 1973 in den USA hatten mehr als die Hälfte der befragten drei- bis vierjährigen Kinder solche phantasierten Gefährten. Und - was die beiden besonders herausstellten - das waren nicht etwa Kinder, mit denen etwas nicht in Ordnung war, denen etwas fehlte. Diese Kinder konnten sich besser konzentrieren, waren sprachgewandter, weniger aggressiv, eher freundlich und kooperativ, hatten seltener Langeweile, saßen viel seltener vor dem Fernsehschirm.

Der Kinderanalytiker Dr. Nagera in den USA stellte fest, daß die von ihm betreuten Kinder mit Phantasiegefährten besonders intelligent waren. Ob nun der Umgang mit diesen erdachten Gefährten Denk- und Sprachvermögen besonders schult, wie es die Singers annehmen, oder ob es gerade die Intelligenteren, Sprachgewandteren sind, die sich eher solche Gefährten ausdenken, bleibt zunächst offen. Jedenfalls sind diese Kinder in der Lage, sich ihre eigene Welt zu schaffen, mit deren Hilfe sie ihre geistigen Fähigkeiten trainieren, Ängste überwinden, Alltagsfrust verarbeiten, Wünsche oder Kritik in Bilder fassen, die sie auch anderen mitteilen können.

Manchmal dienen solche Phantasiegefährten der Abwehr und Verarbeitung von Ängsten. Da gesellt sich ein zaghafter Dreijähriger einen „lieben Löwen" zu, riesengroß und erschreckend für andere, ihm aber frißt er aus der Hand, gehorcht ihm, begleitet ihn überall hin und verteidigt ihn gegen alle Widersacher. Freilich muß er ständig auf ihn aufpassen, damit er keinen Schaden anrichtet, gibt auch den anderen ständig Hinweise, wie sie sich verhalten müssen, um vor diesem Löwen sicher zu sein. In seiner Macht steht es, ob die anderen vor dem Löwen Angst haben müssen oder nicht - damit hat er Macht über die Angst. Indem er anderen sagt, was sie gegen ihre Angst tun können, lernt er, mit seiner eigenen Angst umzugehen.

In alten Märchen finden wir oft die gleichen Motive wie in den

Phantasien unserer Kinder. Dieses Motiv vom geheimnisvollen Wesen, das dem Machtlosen Macht verleiht, ihm gehorcht und ihn beschützt, finden wir auch wieder in den Märchen vom „Geist in der Flasche“ oder von „Aladdins Wunderlampe“.

Wenn die „Frau“ von Sofia in unserem Beispiel sagt, Kinder dürften so viel Eis kaufen, wie sie wollen, wenn eine andere Dreijährige erklärt, den Kuchen habe nicht sie, sondern ihr „Hansi“ angeknabbert, mit dem sie dann in den Worten der Eltern zu schimpfen beginnt, dann nehmen Eltern leicht nur den „Trick“, die „faule Ausrede“ wahr. Die Kinder aber setzen sich in solchen Phantasien mit eigenen unterdrückten Wünschen und mit Einschränkungen durch die Eltern auseinander. Weil das zunächst einfacher ist, üben sie das Für und Wider solcher Wünsche gewissermaßen mit verteilten Rollen. Sie schieben die unerfüllten Wünsche, die Verstöße gegen Verbote den Phantasiegefährten zu, identifizieren sich einmal mit den erdachten Figuren, einmal mit den einschränkenden Eltern. Ein Dramatiker, der die verschiedenen Aspekte eines Konfliktes verschiedenen Personen zuschreibt und diese in Aktion miteinander treten läßt, um das Problem deutlich zu machen, tut nichts anderes.

Später werden alle diese Erwägungen nicht mehr wahrnehmbar im Gewissen des inzwischen älter gewordenen Kindes ablaufen.

Die Mutter von Sofia empfindet sicher richtig, daß die „Frau“ das hat, was die Tochter an ihr vermißt, nämlich viel Zeit zum Spielen. Aber Sofia hat einen Weg gefunden, diesen erlebten Mangel auszugleichen. Sie macht sich von der Mutter unabhängig – sie hat ja ihre „Frau“.

Hier freilich setzt bei manchem auch die Kritik an dieser sehr positiven Sicht der erdachten Gefährten ein. Es sei zwar eine gesunde Reaktion, so argumentieren sie, wenn ein Kind, das sich einsam fühle, sich selbst einen Spielgefährten erschaffe – aber deshalb sei es doch noch lange nicht gesund, einsam zu sein. Wenn also ein Kind in seinen Phantasiegeschichten und erdachten Gefährten etwas über seine geheimen Wünsche, Ängste und Kümmernisse mitteilt, muß das sicher auch als Appell an die Erwachsenen verstanden werden, seine Versuche, sich selbst zu helfen, durch Veränderung seiner Lebensbedingungen zu unterstützen.

Umgang mit der Phantasie

Wie gehen nun wir Erwachsenen, wir „Vernünftigen“, wir „Realisten“ mit den Illusionsspielen, den „Spinngeschichten“, den erdachten Spielgefährten unserer Kinder um?

Ich denke, es täte uns allen gut, unsere eigene, eingetrocknete Phantasie durch die schöpferische Kraft unserer Kinder neu beleben zu lassen. Es macht wirklich Spaß, mit so einem Kind auf der Suche nach dem grünen Monster durch den Urwald zu stapfen oder ihm auf eine Autoreise ins Schlaraffenland zu folgen. Es ist auch gar nicht so schwer, mit einem Bauklotz ein Stuhl-Auto zu reparieren oder mit einem Ritter zu streiten, den man nicht sieht.

Wenn Ihre Tochter erzählt, sie habe draußen einen Indianer gesehen, der an einen Straßenbaum gebunden war, dann können Sie doch gemeinsam überlegen, ob Sie ihn nicht befreien könnten.

Es kostet auch nicht viel, wenn Sie dem „lieben Löwen", der immer mit in den Kindergarten geht, ein zusätzliches Frühstücksbrot einpacken.

Sofias Mutter mag es mit der „Traumfrau" ihrer Tochter schon schwerer haben, schwingen hier doch Schuldgefühle und Eifersucht mit. Aber keine Mutter wird mit so einer Traumfrau mithalten können, schon weil sie nicht zugestehen mag, daß Kinder so viel Eis kaufen dürfen, wie sie wollen. Sie sollte sie neidlos und ohne Minderwertigkeitsgefühle neben sich dulden, schon um zu zeigen, daß man alles wünschen darf, auch wenn in der Realität nicht alles erfüllbar ist. Sie kann der Frau Achtung entgegenbringen, sich auch mit ihr und ihren Argumenten auseinandersetzen, wenn sie unterschiedlicher Meinung sind. Vielleicht kann sie sie sogar gelegentlich um Rat fragen oder um Hilfe bitten. Ob die Frau weiß, warum Sofia immer wieder allein an die sehr belebte

Straße läuft? Ob sie weiß, wie man das Kind davor schützen kann, angefahren zu werden?

Ob die Mutter aber vielleicht doch ein bißchen mehr Zeit für gemeinsame Spiele erübrigen könnte? Vielleicht spielt die Frau mit?

Der Schriftsteller Hans Fallada hat in seinen „Geschichten aus der Murkelei" beschrieben, wie die Familie mit zwei gemeinsam erdachten Spielgefährten der Kinder umging, bis sie eines Tages feierlich verabschiedet wurden, weil die Kinder jetzt groß werden wollten.

Die meisten Fachleute sind sich darin einig, daß bis zur Einschulung fast alle diese Phantasiegestalten verschwunden sind – oder eher abgeschoben über die inzwischen fest geschlossene Grenze ins Reich der Phantasie, in das man andere nicht mehr so ohne weiteres hineinsehen läßt. Da freilich leben sie weiter – auch für viele Erwachsene noch. Oder haben Sie sich – angeregt vielleicht durch einen Film – noch nie einen idealen Partner erträumt, wenn der reale Sie gerade mal wieder heftig enttäuscht hatte? Wer das kennt, weiß, daß solche Phantasien auch Erwachsenen helfen, ihre Gefühle zu prüfen und zu sortieren, Klarheit zu gewinnen, vielleicht Verhalten zu ändern. Wer es nicht kennt, sollte es ausprobieren.

Halten wir also fest: Was bei Kindern vor dem Schulalter als Verfälschung der Realität daherkommt, ist selten wirklich gelogen – die Grenzen zwischen bewußter Unwahrheit und lebhafter Phantasie sind fließend. Diese lebhafte Phantasie aber ist ein zu kostbares Gut, als daß wir sie aus Angst um die Wahrhaftigkeit einengen sollten.

Zur Wahrhaftigkeit erziehen

Diese Angst ist auch unbegründet. Die Neigung zum Lügen erwächst nicht aus einer blühenden Phantasie. Bewußt die Wahrheit (und nur die) zu sagen, ist eine moralische Haltung, die entsteht, wenn ein Kind die Vorteile dieser Wahrhaftigkeit an der eigenen Person eindringlich genug erlebt hat.

Wenn wir erreichen wollen, daß unsere Kinder nicht lügen, müssen wir deshalb über lange Zeit an unsere eigene Wahrhaftigkeit strengere Maßstäbe anlegen als an die der Kinder.

Eine Kinderlüge ist kein Grund zur Panik – hier kommt kein „böser Charakter" durch, denn eine Veranlagung zum Lügen gibt es nicht. Das Kind wird über Jahre allein durch die verschwommenen Grenzen zwischen Realität und Phantasie oft in den Grenzbereich zum Lügen geraten. Jedes Kind wird auch einige Male ausprobieren, richtig und bewußt zu lügen. Aber jede dieser wirklichen Lügen ist eine Gelegenheit, über die Nachteile, die das für das Zusammenleben bringt, zu reden, die Vorteile von Wahrhaftigkeit deutlich werden zu lassen. Jede Kinderlüge ist eine Gelegenheit, zu üben – mehr nicht!

Wir Erwachsenen neigen eher dazu, ein lügendes Kind einer

hochnotpeinlichen Befragung zu unterziehen, ihm strenge moralische Vorhaltungen zu machen, eigene Unehrlichkeiten dagegen herunterzuspielen oder zu entschuldigen. Dabei ist das Gegenteil notwendig. An unserem Beispiel muß das Kind erleben, wie angenehm es ist, sich auf das, was ein anderer sagt, unbedingt verlassen zu können, noch bevor es selbst in der Lage ist, verläßliche Aussagen zu machen. Deshalb dürfen wir Kinder nicht vertrösten, abspeisen oder belügen.

- Wenn wir „Ja, ja, morgen" sagen, muß das verbindlich sein und nicht nur eine bequeme Ausrede.
- Wenn wir ein Produkt des Kindes loben, sollte das unsere ehrliche Meinung sein, nicht ein billiger Trost.

  Vor allem müssen wir die Wahrheit sagen, auch wenn das unangenehme Konsequenzen hat, denn gerade das erhoffen wir später auch von unseren Kindern:

- Wenn wir ein zerbrochenes Spielzeug weggeworfen haben, weil wir es für wertlos hielten.
- Wenn wir vor einem Arztbesuch gefragt werden, ob es wohl wehtun wird.
- Wenn wir weggehen wollen, während das Kind schläft.

Leicht gesagt, mögen Sie antworten, aber schwer durchzuhalten! Wenn das aber so ist, wenn wir bereit sind, uns gelegentliche Notlügen nachzusehen, dann müssen wir das erst recht den Kindern zugestehen. Denn ist ein Kind etwa nicht in Not, wenn es etwas zugeben soll, was es nicht zugeben möchte?

Es verbietet sich deshalb auch, ein Kind absichtlich oder leichtfertig in eine solche Notsituation zu bringen. Ein Erwachsener findet leicht eine Möglichkeit, sich durch geschickte Formulierungen oder Ausweichmanöver um eine eindeutig falsche Aussage zu drücken. Ein Kind ist da noch weniger geschickt. Meist hat es nur die Wahl zwischen Wahrheit und Lüge - vorausgesetzt natürlich, es kann beide schon deutlich genug unterscheiden. Wenn ich es davor bewahren will, zu lügen, weil es die Wahrheit nicht sagen will, muß ich auch das Verweigern einer Antwort, muß ich auch ein „Das möchte ich nicht sagen" akzeptieren. Ein Kind beweist damit, daß es nicht lügen möchte - das sollten die Erwachsenen anerkennen.

Wenn ich erreichen möchte, daß ein Kind nicht lügt, muß ich ihm Vertrauen entgegenbringen - immer wieder neu, auch nach der ersten, zweiten, dritten Lüge. Denn ein Kind kann Vertrauen in die eigenen moralischen Fähigkeiten nur lernen, wenn ihm dieses Vertrauen auch von anderen gezeigt wird. Mißtrauen und Kontrolle bedeuten: „Ich traue dir nicht, ich traue dir Ehrlichkeit nicht zu." Wie soll sie sich da das Kind selbst zutrauen? Und warum soll es ehrlich sein, wenn ihm doch nicht geglaubt wird?

Sinnlos ist es, ein Kind zu strafen, weil es gelogen hat. Wer nur nicht lügt aus Angst vor Strafe, der wird wieder lügen, sobald er sich vor Entdeckung sicher glaubt. Er wird raffinierter, nicht ehrlicher.

Weihnachtsmann und Klapperstorch

Wie ist es aber nun mit den „schönen Geschichten", die seit je die Phantasie von Kindern beflügelt haben?

Belüge ich mein Kind, wenn ich ihm erzähle, die Geschenke bringe der Weihnachtsmann - oder betrüge ich es um eine zauberhafte Illusion, wenn ich ihm von Anfang an ehrlich sage, daß es einen Weihnachtsmann nicht gibt?

Im Leben meiner Kinder hat er viele Weihnachtsfeste lang eine wesentliche Rolle gespielt - so wesentlich, daß er nur mit Wehmut und eigentlich viel zu spät endgültig abgeschafft wurde. Allerdings war er auch nie eine Figur, die wir Eltern den Kindern vorgelogen hätten. Gut, er hatte eine Maske mit langem Bart, vielleicht auch einen fremden Mantel, aber Hände und Füße blieben irgendwie vertraut, und die Stimme erinnerte sehr an die von Vater oder Mutter. So dauerte es nicht lange, bis auf zweifelnde Nachfragen augenzwinkernd-doppelbödige Antworten gegeben wurden.

Von da an wirkten die Kinder bei der Regie des aufregenden Spiels eifrig mit. Wie der Weihnachtsmann zu klopfen, mit den Füßen zu stapfen, was er zu tun und zu lassen hätte wurde vorher genau festgelegt, aber trotzdem wurde er dann mit Spannung erwartet.

Und dann tauchte die Frage auf, wieso eigentlich immer nur wir Eltern, warum nicht auch mal eines der Kinder der Weihnachtsmann sein dürfte. Ja, warum nicht? Seitdem wechselte er alljährlich seine Gestalt - manchmal war er so klein, daß er einen Assistenten zum Tragen der Geschenke brauchte, oder einen, der die Namen auf den Päckchen lesen konnte.

Er hatte auch eine Rute, unser Weihnachtsmann! Und er hat oft die Gelegenheit genutzt, den Beschenkten zu sagen, was ihm an ihrem Verhalten im letzten Jahr nicht gefallen hatte - allen natürlich, den Erwachsenen wie den Kindern.

Manchmal hat auch jemand für ihn ein Gedicht aufgesagt oder ein Lied vorgesungen, aber nur, wenn er (oder sie) Lust dazu hatte.

Eines freilich durfte unser Weihnachtsmann nie: jemandem Angst machen. Niemals kam er dem jeweils Jüngsten, das das Spiel noch nicht völlig durchschaute, näher, als das es ertragen mochte.

Ich kann durchaus gemeinsam mit Kindern im Phantastischen, Unmöglichen schwelgen und ihnen dabei gleichzeitig klarmachen, daß all dies „in Wirklichkeit" nicht geht. Ich habe nicht einmal Hemmungen, einem Kind das Märchen vom Klapperstorch zu erzählen, wenn es daneben genau weiß, woher die Babys wirklich kommen. Denn auch das ist ein schönes Gleichnis, wenn es nicht als billige Ausrede benutzt wird.

Das eine schließt das andere nicht aus - immer ehrlich sein zu wollen verlangt nicht, ein trockener Realist zu werden.

Schluß

Wahrscheinlich werden Sie noch viele Themen in diesem Buch vermissen – einige, die für viele Eltern wichtig sind:

- den Umgang mit der kindlichen Sexualität;
- Probleme mit „mein" und „dein";
- Probleme mit Großeltern;
- Kinder und Fernsehen;
- kranke Kinder;

und andere, die insbesondere Ihnen in Ihrer Familie Schwierigkeiten machen.

Aber ich denke, das macht nichts. Es war nicht meine Absicht, Sie zu jedem möglichen Konflikt mit Wissen vollzustopfen, das Ihnen im Ernstfall womöglich doch nichts nutzt.

Eher habe ich versucht, in den zehn exemplarischen Kapiteln eine bestimmte Art zu denken anzuregen:

- die Erziehung im Zusammenhang sieht mit der Kultur, in der sie stattfindet;
- die sich aber trotzdem von dem, was „man" tut, nicht dazu verführen läßt, unüberlegt das gleiche zu tun;
- die die Motive und Interessen aller Angehörigen einer Familie gleich wichtig nimmt;
- die herauszufinden versucht, wie die Bedürfnisse und Ängste, Erfahrungen und Eigenheiten der einzelnen Familienmitglieder sich gegenseitig bedingen und beeinflussen;
- die sich auch über die eigenen Stärken, Schwächen, Ängste Klarheit zu verschaffen versucht.

So mancher Rat, der gegeben wurde, mag Ihnen unpassend und abwegig erscheinen – und für Sie ist er das vielleicht auch. Aber ich hoffe, Sie wissen nach der Lektüre genauer, *warum* Sie bestimmte Ratschläge nicht übernehmen wollen, *warum* Sie es bewußt anders machen wollen.

Wenn Sie versuchen würden, etwas nachzumachen, ohne davon überzeugt zu sein, dann würden Sie auch auf Ihre Kinder nicht überzeugend wirken, und der Mißerfolg wäre vorhersehbar.

Wenn dieses Buch Sie ermutigt hat, an Hand der dargestellten Beispiele, an Hand der vorgeschlagenen Lösungen selbst weiterzudenken, selbst Lösungen für die Probleme zu suchen, die Sie speziell betreffen, dann hat es seinen Zweck erfüllt.

Quellen

Einleitung

Rosenthal/Jacobson: Pygmalion im Unterricht.
Beltz, Weinheim, 1971.

Essen muß man nicht . . .

Paul und Jean Ritter: Freie Kindererziehung in der Familie.
Rowohlt, Reinbek, 1972.

Die große Wut

Bandura A., Ross D., and Ross S. A.: Imitation of Film-Mediated Aggressive Models.
Journal of Abnormal and Social Psychology, 1963, 66, 3-11.

Herbert Selg (Hrsg.): Zur Aggression verdammt?
Kohlhammer, Stuttgart, 1972.

. . . und immer noch Windeln

Bruno Bettelheim: Die Kinder der Zukunft.
Molden, Wien, 1971.

H. Stegat: Enuresis.
Springer, Berlin, Heidelberg, 1973.

Die Geschichte vom Zappelphilipp

Dr. Heinrich Hoffmann: Der Struwwelpeter.

Dr. Eric Taylor: Das hyperaktive Kind.
Hippokrates, Stuttgart, 1986.

Sprich anständig

Clara und William Stern: Die Kindersprache.
Joh. Ambr. Barth, Leipzig, 1920.

Carl Stumpf: Eigenartige sprachliche Entwickelung eines Kindes.
Zeitschr. f. Päd. Psychol. u. Pathol. Jahrg. III, 1901, 6, 419-447.

Ursula Scheu: Wir werden nicht als Mädchen geboren, wir werden dazu gemacht.
Fischer, Frankfurt/M., 1978.

Rolf Bindel: Stottern als dialogische Fehlentwicklung.
Hogrefe, Göttingen, 1987.

Bloch E. L. and Goodstein L. D.: Functional Speech Disorders and Personality: A Decade Research.
Journal of Speech and Hearing Disorders 36, 1971, 295-314.

Gesponnen oder gelogen?

Jerome L. Singer: The Child's World of Make Believe.
Experimental Studies of Imaginative Play. Academic Press, 1973.

Humberto Nagera: The Imaginary Companion: Its Significance for Ego Development and Conflict Solution.
The Psychoanalytic Study of the Child, International Universities Press, 1969.

Hans Fallada: Geschichten aus der Murkelei.
Aufbau-Verlag, Berlin, 1960.